Meyer Kayserling

Gedenkblätter

Meyer Kayserling

Gedenkblätter

ISBN/EAN: 9783743422728

Hergestellt in Europa, USA, Kanada, Australien, Japan

Cover: Foto ©ninafisch / pixelio.de

Manufactured and distributed by brebook publishing software (www.brebook.com)

Meyer Kayserling

Gedenkblätter

Gedenkblätter.

Hervorragende jüdische Persönlichkeiten

des

neunzehnten Jahrhunderts.

In kurzen Charakteristiken

von

Dr. M. Kayserling.

Leipzig.
Th. Grieben's Verlag (L. Fernau).
1892.

Das Recht der Uebersetzung wird vorbehalten.

Druck von Greßner & Schramm, Leipzig.

Herrn Wilhelm Ritter v. Gutmann

in Wien,

dem

hochherzigen Gründer humanitärer und wissenschaftlicher Institute,
dem begeisterten Freunde und Förderer der jüdischen Wissenschaft

widmet diese Blätter

als ein Zeichen der Hochachtung und Verehrung

der Verfasser.

Vorwort.

Charakteristiken von Persönlichkeiten, welche in ihrer Zeit auf weitere oder engere Kreise eingewirkt haben, erregen nicht blos das Interesse derjenigen, denen die geschilderten Männer im Leben nahe gestanden, sondern wirken überhaupt belehrend, anregend und aneifernd.

An hervorragenden Männern hat es dem jüdischen Stamme nie gefehlt. Fünfzehn Jahrhunderte vom öffentlichen Leben und von der Gesellschaft ausgeschlossen, hat er nichtsdestoweniger recht viele bedeutende Geister aus sich hervorgehen sehen, welche einen mehr oder weniger bildenden und belebenden Einfluß ausgeübt haben. Ganz besonders aber seit Moses Mendelssohn, seit ihrem Wiedereintritt in das Culturleben der Völker, haben die Juden auf Persönlichkeiten hinzuweisen, welche sich mit aufopfernder Theilnahme an den Aufgaben der öffentlichen Wohlfahrt, an dem Emporblühen der Wissenschaften betheiligten, auf Männer der festesten Consequenz, auf eine stattliche Reihe unantastbarer Charaktere.

Das neunzehnte Jahrhundert geht zur Neige. Die Männer, welche in unerschütterlicher Glaubenstreue für die Rechte der Juden gerungen und in erwärmender Begeisterung für Glaubens- und Gewissensfreiheit gestritten, welche mit nachhaltigem Erfolge das Judenthum nach außen vertreten und für seinen inneren Ausbau Ersprießliches geleistet, welche sich hervorgethan haben als Pfleger des jüdischen Geistes und bahnbrechend waren auf den verschiedenen Gebieten der Wissenschaft: sie sind der Reihe nach fast alle schon heimgegangen diese Männer, welche einen Ehrenplatz in der Ruhmeshalle der Geschichte und der Literatur ihres Volkes einnehmen.

Das Andenken an diese Persönlichkeiten, ihre Bestrebungen und ihre Leistungen muß erhalten und der nachfolgenden Generation überliefert werden.

Um die Liebe zum Vaterlande zu wecken und zu befestigen, lernt die Jugend die nationalen Freiheitskämpfer und Geistesheroen schon in der Schule kennen; die Schulen feiern geschichtliche und literargeschichtliche Gedenktage. Mit den Kämpfern für ihres Volkes Recht und den Streitern für ihres Glaubens Ehre, mit den Trägern ihrer Literatur muß die jüdische Jugend frühzeitig, schon in der Schule, bekannt gemacht, und das Andenken an die Männer, welche für Juden und Judenthum gestrebt und gewirkt haben, muß schon dem jugendlichen Gemüthe eingeprägt werden. Durch solche Vorbilder wird das edle Streben geweckt und zur Nacheiferung angefeuert, wird das Selbstbewußtsein, die erste Bedingung zum muthigen Ringen nach den höchsten Zielen, neu belebt.

Um dies zu befördern, sind diese Charakteristiken hervorragender jüdischer Persönlichkeiten geschrieben und werden sie als Gedenk- und Erinnerungsblätter der reiferen Jugend gereicht.

Ob die charakterisirten Männer alle das Prädicat hervorragend verdienen und ob nicht andere ausgelassen wurden, für welche ein pietätsvolles Gedenken mit gleichem Rechte gefordert werden kann? Darüber wolle man nicht mit mir rechten. Absichtlich ist gewiß kein Mann von mehr als localem Verdienst und allgemeiner Anerkennung übergangen worden.

Die mehrfach angeregte Einführung von Gedenktagen auch in jüdischen Schulen wird nicht ohne nachhaltigen

Einfluß auf die Jugend bleiben; zu diesem Zwecke sind den „Gedenkblättern" die Sterbetage, auch nach jüdischem Kalender, chronologisch geordnet, hinzugefügt.

Somit möge das Schriftchen allen, welche sich für die neuere Geschichte der Juden und des Judenthums interessiren, besonders aber den Lehrern und den Schülern empfohlen sein; möge es bei dem Unterrichte in der jüdischen Geschichte mit Erfolg benutzt werden und Gutes stiften.

Budapest, im Februar 1892.

Kayserling.

Adler, Lazarus,

(geb. $\frac{\text{10. November}}{\text{13. Cheschwan}}$ 1810 zu Unsleben (Baiern), gest. $\frac{\text{5. Januar}}{\text{28. Tebeth}}$ 1886 zu Wiesbaden),

lehrte und wirkte in Wort und Schrift entsprechend dem Humanitätsprincip, das er als das Grundprincip des Judenthums erkannt und zu dessen Förderung er mehrere Jahre öffentliche Vorträge gehalten hat. Als Sohn eines Rabbiners zum Rabbiner bestimmt, widmete er sich bis zum achtzehnten Jahre ganz dem Talmudstudium, absolvirte sodann das Gymnasium und besuchte die Universitäten Würzburg und München. Zwölf Jahre war er Rabbiner in Kissingen und fünfunddreißig Jahre Landrabbiner in Kassel. Er kämpfte für die Gleichstellung seiner Glaubensgenossen und deren geistige Erhebung und vertheidigte das Judenthum gegen gehässige Angriffe sowol von außen wie von innen. Seine Milde und Versöhnlichkeit gewannen ihm viele Herzen.

Die Synagoge. Zeitschrift (1837—39`; Vorträge zur Förderung der Humanität (1860, 1870, 1876); Hillel und Schamai, oder d. conservative Reform u. d. stabile Conservatismus (1876); Deutsches Lesebuch für israelitische Schulen (1864).

Adler, Nathan,

(geb. $\frac{\text{15. Janr.}}{\text{21. Tebeth}}$ 1803 zu Hannover, gest. $\frac{\text{21. Janr.}}{\text{29. Tebeth}}$ 1890 zu London),

einer der ersten Rabbiner der Neuzeit, der mit umfassender Kenntniß des Talmud und der rabbinischen Literatur wissenschaftliche Bildung vereinte, der, der strengconservativen Richtung huldigend, die deutsche Predigt und Gottesdienst mit Chorgesang einführte. Er war kurze Zeit Landrabbiner in Oldenburg, vierzehn Jahre in Hannover, wo er die durch seinen Nachfolger verwirklichte Errichtung einer „Bildungsanstalt für jüdische Lehrer" anregte, und nahezu fünfundvierzig Jahre Oberrabbiner von England. Seine literarische Thätigkeit beschränkte sich auf die Herausgabe von

Predigten in deutscher und englischer Sprache und auf die kritische Bearbeitung der aramäischen Uebersetzung des Pentateuchs. Durch seine Gelehrsamkeit, sein seelsorgerisches Wirken und seine Friedensliebe erwarb er sich allgemeine Verehrung. Sermons on the Jewish faith; Nethina la-Ger (hebr., 1885).

Alatri, Samuel,

(geb. 1805 zu Rom, gest. $\frac{20.\ \text{Mai}}{19.\ \text{Ijar}}$ 1889 daselbst),

Wohlthäter der Stadt Rom, deren Municipium er vierzig Jahre angehörte und von der er mehrere Jahre als ihr Vertreter in das Parlament gewählt wurde. In treuer Anhänglichkeit an seine väterliche Religion, nach deren Satzungen er stets lebte, widmete er seine Thätigkeit unausgesetzt der Emancipation seiner Glaubensgenossen und der Gemeinde der ewigen Stadt, an deren Spitze er eine lange Reihe von Jahren stand: die neue Organisation der Gemeinde, die Hebung ihres Schulwesens, die Eröffnung des italienischen Rabbiner-Seminars sind sein Werk. Ungeachtet seiner von seinem Könige gewürdigten großen Verdienste um Stadt und Staat, seiner hohen Ehren und Auszeichnungen, war er von bewundernswerther Bescheidenheit. Sein Wohlthätigkeitssinn und seine Liebe zur leidenden Menschheit machten ihn allen Herzen theuer.

Arnheim, Fischel,

(geb. $\frac{23.\ \text{Febr.}}{10.\ \text{Adar}}$ 1812 zu Baireuth, gest. $\frac{31.\ \text{Janr.}}{23.\ \text{Schebat}}$ 1864 daselbst),

Ehrenbürger der Stadt Hof, welche ihn, den Advocaten mit tiefen und umfassenden Kenntnissen der Rechtswissenschaft, bis zu seinem Tode zu ihrem Abgeordneten in die bairische Kammer wählte und ihn wegen seines rastlosen Strebens für des Landes Wohl und seiner Unabhängigkeit der Gesinnung hochverehrte. Mit Würde und Sachkenntniß trat er für das Recht und die Ehre seiner Glaubensgenossen ein; in Bibel und Talmud unterrichtet, wies er die gegen seine Religion erhobenen Verdächtigungen unter dem Beifall der Kammer mehreremal zurück. Die Gesetzsammlungen

Baierns bewahren in den vielen auf seinen Antrag ins Leben getretenen Gesetzen glänzende Denkmale seines Wirkens.

Arnheim, Heymann,

(geb. 16. Janr. / 6. Schebat 1796 zu Wongrowicz, gest. 22. Sept. / 17. Tischri 1869 zu Glogau),

barg in sich einen reichen Schatz von Wissen, das er, frühzeitig selbst lehrend, ohne Schule durch Fleiß und Ausdauer sich mühsam angeeignet hat. Er schrieb mit Gewandtheit hebräisch, drang ein in den Geist der hebräischen Sprache, an deren nach seinem Tode erschienenen Grammatik er zwanzig Jahre arbeitete, übersetzte und commentirte mehrere Bücher der heiligen Schrift und übertrug das Gebetbuch, sowie die synagogalen Dichtungen (Jozerot) für besondere Sabbate ins Deutsche. Arnheim, welcher vor fünfzig Jahren in Glogau, wo er Rabbiner war, die erste deutsche Predigt hielt, war ein edler Mensch, der sich den aus Glogau hervorgegangenen geistigen Größen würdig anreiht.

Gebetbuch der Israeliten (1839); Jozerot für die Sabbate des Jahres (1840); Das Buch Job (1836); Der Pentateuch, übersetzt (1839—41); Grammatik der hebr. Sprache (1874).

Asser, Karl,

(geb. 15. Febr. / 9. Adar 1780 zu Amsterdam, gest. 3. Aug. / 20. Ab 1836 daselbst),

der erste Jude, der in Holland ein hohes Staatsamt bekleidete. Mehrere Jahre Rechtsanwalt, wurde er, achtundzwanzig Jahre alt, zum Büreauchef im holländischen Cultusministerium und sieben Jahre später im Justizdepartement, sowie zum Mitglied des Staatsraths ernannt. An der holländischen Gesetzgebung nahm er wesentlichen Antheil und für seine Glaubensgenossen, für die Hebung ihrer socialen Lage, sowie für die Regelung ihres Cultus, ihres Unterrichts- und Armenwesens war er unermüdlich thätig. In der Geschichte der holländischen Juden wird sein Name stets mit Hochachtung genannt werden.

Rapport sur la situation des Israélites d'Amsterdam (1807); Ueber die Verantwortlichkeit der Minister (holl., 1828), u. a.

Aub, Joseph,

(geb. 1805 zu Bayersdorf (Baiern), gest. $\frac{22.\text{ Mai}}{12.\text{ Siwan}}$ 1880 zu Berlin),

gesinnungstüchtig und überzeugungstreu wirkte er fünfzig Jahre als Rabbiner in Baireuth, Mainz und Berlin. Er nahm an den religiösen Bewegungen thätigen Antheil und beleuchtete religiöse Fragen von seinem Standpunkte in der von ihm herausgegebenen Zeitschrift, in Gutachten und einzelnen Abhandlungen mit vieler Sachkenntniß. Er war Förderer des Schulwesens und Freund der Lehrer, auf pädagogischem Gebiete sowol praktisch als literarisch thätig.

Sinai. Eine Wochenschrift (1846); Betrachtungen und Widerlegungen (1839); Grundlage zu einem wissenschaftlichen Unterrichte in der mosaischen Religion (1874).

Auerbach, Baruch,

(geb. $\frac{14.\text{ Aug.}}{6.\text{ Elul}}$ 1793 zu Inowraclaw, gest. $\frac{22.\text{ Janr.}}{14.\text{ Schebat}}$ 1864 zu Berlin),

Gründer und erster Director der jüdischen Waisen-Erziehungsanstalt in Berlin. Sohn eines frommen Rabbiners, beschäftigte er sich von früher Jugend mit dem Studium des Talmud und begab sich zu seiner wissenschaftlichen Ausbildung nach Berlin, wo er durch unermüdlichen Fleiß sich so viele Kenntnisse aneignete, daß er die Universität besuchen konnte. Zweiundzwanzig Jahre wirkte er als Director der jüdischen Gemeinde-Knabenschule in Berlin. Die traurige Lage der Waisenkinder, welche die Schule besuchten, ging ihm zu Herzen und er faßte den Plan, eine Waisen-Erziehungsanstalt zu gründen, Waisenkinder zu nützlichen Mitgliedern der Gesellschaft, zu treuen Söhnen des Vaterlandes zu erziehen. So gering auch der Anfang zu dem großen Werke und so groß auch die Schwierigkeiten waren, unerschütterlich im Gottvertrauen, mit seiner eisernen Willenskraft und seiner hingebenden Liebe für die Menschheit erreichte er das Ziel. Innerhalb dreißig Jahren sammelte er für die Anstalt über dreiviertel Millionen Mark, und als er starb wurden in ihr fünfzig Kinder erzogen, erhalten und unterrichtet. Dem Waiseninstitute, das seinen

— 5 —

Namen für alle Zeiten verewigt, hinterließ er ein großes Gebäude und einen ansehnlichen Fond.

Auerbach, Berthold.

(geb. 28. Febr. / 15. Adar 1812 zu Nordstetten (Württemberg), gest. 8. Febr. / 19. Schebat 1882 zu Cannes),

einer der populärsten deutschen Dichter, ein Kämpfer für die Freiheit und die idealen Güter der Menschheit, der im Dienste des deutschen Geistes rastlos geschaffen und für die deutsche Einheit wacker gearbeitet hat. In der Jugend zum Rabbiner bestimmt und mit dem jüdischen Schriftthum vertraut, trat er, ein treuer Sohn des Judenthums, schon als junger Mann den Angriffen auf seine Glaubensgenossen mit Muth und Wärme entgegen. Um das Selbstbewußtsein seiner Glaubensbrüder zu wecken und zu stärken, führte er die großen Männer des jüdischen Stammes, den ersten Juden, der in deutscher Sprache dichtete, sowie den großen Denker des Einheitsgedankens, dessen Werke er dem deutschen Publikum zugängig machte, in verklärten Gestalten vor. Sein erster literarischer Versuch und sein letztes öffentliches Wort galt seinen Stammesgenossen. Sohn armer Eltern, hat er sich durch die Schöpfungen seines Geistes, welche veredelnd auf Herz und Gemüth wirken, zu einer hohen Stufe der Würdigung in den Palästen der Fürsten wie in den Hütten des Volkes emporgeschwungen und sich ein segensreiches Gedenken gestiftet. Von den judenfeindlichen Bewegungen der Zeit schmerzlich berührt, hat die darüber empfundene Kränkung seinen Tod beschleunigt. Seine irdische Hülle fand in seiner Heimat, im Schwarzwalde, die Ruhestätte.

Das Judenthum und die neueste Literatur (1835); Gallerie der ausgezeichneten Israeliten aller Jahrhunderte (1834—38); Dichter und Kaufmann (1840); Spinoza (1837); Spinoza's sämmtliche Werke, übersetzt (1841); Gesammelte Schriften (1858 ff.).

Auerbach, Jakob,

(geb. 14. November / 17. Cheschwan 1810 zu Emmendingen (Bad.), gest. 31. October / 18. Cheschwan 1887 zu Frankfurt a. M.),

ein klarer Geist mit liebenswürdiger Milde gepaart, wirkte er, nachdem er, Sohn armer Eltern, seine Studien in Karlsruh und Heidelberg beendet hatte, als Religionslehrer in Wiesbaden und sechsunddreißig Jahre in Frankfurt a. M., wo er auch mehrere Jahre als Prediger am Andachtssaal fungirte. Mit Abraham Geiger von Jugend auf befreundet, gehörte er auch dessen religiöser Richtung an. Seine literarische Thätigkeit beschränkte sich auf Beiträge für verschiedene Zeitschriften, Aufsätze in Schulprogrammen und die Herausgabe einer Schul- und Hausbibel. Der innigen Freundschaft, welche ihn von der Jugend bis zum Tode mit seinem Vetter Berthold Auerbach verband, setzte er durch die Veröffentlichung der von dem Dichter an ihn gerichteten Briefe ein Denkmal. Als das Ideal eines Religionslehrers lebt er fort in den Herzen seiner Schüler.

Schul- und Hausbibel (1858); Lessing und Mendelssohn (1867); B. Auerbach's Briefe an seinen Freund Jakob Auerbach (1884).

Bamberger, Seligmann Bär,

(geb. $\frac{9.\ \text{November}}{8.\ \text{Cheschwan}}$ 1807 zu Wiesenbrunn (Baiern), gest. $\frac{13.\ \text{Octbr.}}{16.\ \text{Tischri}}$ 1878 zu Würzburg),

eine rabbinische Autorität der strenggläubigen Richtung, für welche er in Wort und Schrift offen und entschieden eintrat. Schüler Wolf Hamburger's in Fürth, von früher Jugend an ausschließlich dem Studium des Talmud und der rabbinischen Literatur obliegend, wurde er, nachdem er mehrere Jahre Geschäftsmann war, im Alter von zweiunddreißig Jahren als Districtsrabbiner von Würzburg gewählt. In seinen literarischen Arbeiten, welche seine staunenswerthe Belesenheit bekunden, behandelte er zum Theil verschiedene Zweige jüdischer Satzungen in populärer Weise. Durch seine Gelehrsamkeit, seine ungeheuchelte Frömmigkeit, seine hohe Charakterfestigkeit und seine große Bescheidenheit erwarb er sich allgemeine Hochachtung; seinen zahlreichen Schülern war er ein väterlicher Freund. Am Laubhüttenfeste während des Gottesdienstes verschied er in der Synagoge mit dem Worte Amen.

Mlecheth Schamajim (hebr., 1853, 1860); More le-sowchim (hebr., 1863), u. a. m.

Barasch, Julius,

(geb. 1815 zu Brody, gest. $\frac{12. \text{April}}{23. \text{Nissan}}$ 1863 zu Bukarest),

ein unermüdlicher Kämpfer für die politische und sociale Hebung seiner rumänischen Glaubensgenossen, ein geschickter Vertheidiger des Judenthums gegen verleumderische Angriffe. Ein tüchtiger Talmudist, widmete er sich in Berlin dem Studium der Medicin. Er lebte seinem ärztlichen Berufe mit Hingebung und außerordentlicher Herzensgüte, lehrte gleichzeitig an der Militärschule und am Gymnasium zu Bukarest Naturwissenschaften, und um dieselben auch entfernteren Kreisen rumänischer Lande bekannt zu machen, gab er mehrere Jahre eine Zeitschrift heraus. Um die christlichen Kreise für die Gleichstellung seiner Glaubensgenossen zu gewinnen und die rumänischen Juden selbst mit ihrer Geschichte und Literatur vertraut zu machen, redigirte er den „Rumänischen Israelit". Er lebt fort im Andenken seiner Schüler und in der ihm zu Ehren in Bukarest gestifteten „Historischen Gesellschaft", welche seinen Namen trägt.

Liber thesaurum scientiarum (1856); Iris.

Beer, Bernhard,

(geb. Juli 1801 zu Dresden, gest. $\frac{1. \text{Juli}}{23. \text{Thamus}}$ 1861 daselbst),

ein Mann, dessen Leben ein Bild edler Harmonie des Geistes und des Herzens, umfassender Gelehrsamkeit und echter Humanität ist. Einziger Sohn begüterter Eltern, widmete er sich in seinem idealen Streben der Wissenschaft, auf deren verschiedenen Gebieten er sich, ohne Schule und Universität, reiche Kenntnisse angeeignet und die er durch mehrere Schriften bereichert hat. Er war ein begeisterter Kämpfer für die Ehre des Judenthums und das Recht der Bekenner desselben, für die er mit Muth und Würde in Wort und Schrift in die Schranken trat. Dreißig Jahre Vorsteher der Gemeinde seines Geburtsortes, wirkte er rastlos für die bürgerliche Gleichstellung seiner Glaubensbrüder, für ihre geistige und sittliche Vervollkommnung durch Gründung eines Vereins zur „Förderung der Wissenschaft, Kunst und Gewerbe bei der israelitischen Jugend", so wie durch Veredelung des Gottesdienstes, bei dem er selbst zuweilen als Prediger fungirte. Eine Stiftung in Dresden und Stipendien am jüdisch-theologischen Seminar zu Breslau, die Bibliothek der Universität zu Leipzig und die des genannten jüdisch-theologischen Seminars, denen seine reiche Büchersammlung zugewandt wurden, sowie seine werthvollen Schriften sichern ihm ein Denkmal ehrenvoller Erinnerung.

Religiös-moralische Reden (1833); Das Buch der Jubiläen (1856); Jüdische Literaturbriefe (1857); Das Leben Abrahams (1859).

Beer, Michael,

(geb. $\frac{19. Aug.}{28. Ab}$ 1800 zu Berlin, gest. $\frac{22. März}{2. Nissan}$ 1833 zu München),

Bruder Meyerbeer's, ein talentvoller Dichter, der in seinem „Paria", der über die meisten Bühnen Deutschlands ging und in mehrere Sprachen übersetzt wurde, für die Gleichstellung der „herabgesetzten, unterdrückten, verachteten Menschen" wirken wollte und im „Struensee" gegen die Vorurtheile der früheren Zeit kämpfte. Kränkung über die Zurücksetzung, die er selbst als Jude fand, bereitete seinem hoffnungsvollen Leben ein frühes Ende. Außer seinen Dramen verewigt eine seinen Namen tragende Stiftung für arme jüdische Maler und Bildhauer sein Andenken.

Sämmtliche Werke (1835).

Beer, Peter,

(geb. $\frac{19. Febr.}{11. Adar}$ 1758 zu Neubidschow, gest. $\frac{10. November}{22. Cheschwan}$ 1838 zu Prag),

war länger als dreißig Jahre für Erziehung, Belehrung und Aufklärung thätig; er wollte, daß der reine Mosaismus und das göttliche Wort der Propheten die Grundpfeiler des Lebens und der Gottesverehrung der Israeliten bilden. Hervorgegangen aus den talmudischen Hochschulen zu Prag und Preßburg, eignete er sich erst spät die Kenntniß der deutschen Sprache und sonstige Bildung an. Er widmete sich dem Lehrfache, wurde Religionslehrer an der jüdischen Hauptschule in Prag, an der er bis zu seinem Tode wirkte, und entfaltete eine fruchtbare literarische Thätigkeit: er schrieb Pädagogisches, Historisches und gehörte zu den frühesten Pflegern der jüdischen Literatur.

Geschichte, Lehren und Meinungen aller religiösen Sekten der Juden und der Geheimlehre (1822); Versuch einer Darstellung aller wesentlichen Glaubens=, Sitten= und Ceremoniallehren der jetzigen Juden (1810); Geschichte der Juden. Für die israelitische Jugend (1831).

Bendavid, Lazarus,

(geb. 18. Octbr. / 20. Tischri 1762 zu Berlin, gest. 28. März 1832 daselbst), / 26. We=Adar

strebte während seines ganzen Lebens nach Erkenntniß und Unabhängigkeit. Er war ein tiefer Denker und tüchtiger Mathematiker, studirte in Göttingen und Halle und suchte dann die Kantische Philosophie in Wien, wie später in Berlin durch Vorlesungen populär zu machen. Für seine schwergedrückten Glaubensbrüder hatte er stets lebhaftes Interesse. Als Jünger Moses Mendelssohn's machte er mehrere Versuche seine Glaubensbrüder aufzuklären, was ihm jedoch viele Unannehmlichkeiten zuzog. In der uneigennützigsten Weise leitete er zwanzig Jahre unter schwierigen Verhältnissen die Berliner jüdische Freischule, für die er gern jedes Opfer brachte. Sein edler Charakter und seine literarischen Leistungen sichern ihm einen ehrenvollen Platz in der Geschichte der Philosophie und in der Entwickelungsgeschichte des Judenthums.

Vorlesungen über die Kritik der reinen Vernunft, der praktischen Vernunft, der Urtheilskraft (1795, 96); Versuch einer Geschmackslehre (1799); Versuch einer Rechtslehre (1802); Versuch über d. Vergnügen (1794); Ueber d. Religion der Hebräer (1812); Zur Berechnung u. Geschichte des jüd. Kalenders (1817).

Benedetti, Salvatore de,

(geb. 1820 zu Novara, gest. 4. August / 29. Thamus 1891 zu Pisa),

war vierzig Jahre Professor der hebräischen Sprache und Literatur an der Universität zu Pisa und hat das Verdienst, seinen italienischen Landsleuten die hebräischen Poesien durch geschmackvolle Uebertragungen, wie die des Divan Jehuda Halevi's, eine Schilderung des Paradieses u. a., zugänglich gemacht zu haben. Seine literarischen Arbeiten werden ihm stets zur Ehre gereichen.

Cancion ere Sacro di Giuda Levita, trad. dell' Ebraico (1871).

Benedikt, Markus,

(geb. 1753 zu Csurgó (Ungarn), gest. 12. Aug. / 13. Ab 1829 zu Karlsbad), mährischer Oberlandesrabbiner, als rabbinische Autorität allseitig anerkannt, ein hoher edler Charakter, ein Muster strenger Religiosität und echter Toleranz. Aus dürftigen Verhältnissen hervorgegangen, hatte er sich in Oettingen und Fürth ein umfassendes talmudisches Wissen zu eigen gemacht, und mit bewundernswerthem Fleiße und ascetischer Entsagung lag er dem Studium bis zu seinem Tode ob. Obgleich Gegner aller Neuerungen, war er doch Freund der profanen Wissenschaften und mit den Schriften Moses Mendelssohn's vertraut. Nahezu vierzig Jahre Oberlandesrabbiner, sammelte er in Nikolsburg, seinem Wohnsitze, zahlreiche Schüler um sich, denen er ein treuer Führer und liebevoller Versorger war. Von Regenten und Fürsten hochgeehrt, von seinen Schülern geliebt, lebt sein gefeierter Name in seinen gelehrten Werken und seinem segensreichen Wirken für die Ehre des jüdischen Schriftthums. Seine irdische Hülle wurde seinem letzten Willen gemäß nach Nikolsburg geführt.

Biur Mordechai (hebr., 1813); Rechtsgutachten (1888).

Bernays, Jakob,

(geb. 18. Sept. / 25. Elul 1824 zu Hamburg, gest. 26. Mai / 27. Ijar 1881 zu Bonn), ausgezeichneter Philologe und Alterthumsforscher, vereinigte er in sich textkritischen Scharfsinn und philosophischen Tiefblick mit einem außerordentlichen Gedächtnisse und einer seltenen Belesenheit auf dem großen Gebiete der Wissenschaft, welche Bibel und Talmud, Geschichte und Philosophie der alten und neuen Zeit umfaßte. Der talentvollste Schüler Ritschl's, widmete er sich auf dessen Rath dem akademischen Lehrfache in Bonn, wohin er, nachdem er zwölf Jahre an dem jüdisch-theologischen Seminare zu Breslau gelehrt hatte,

als Oberbibliothekar und außerordentlicher Professor zurück=
kehrte. Schon seine Erstlingsarbeiten erregten gerechtes
Aufsehen, und über Aristoteles und dessen Werke verbreitete
er neues Licht. Durch seine epochemachenden Schriften hat
er sich in der Wissenschaft und als Muster der Gelehrsam=
keit und strengen Religiosität in den Herzen aller, die ihn
kannten, ein ewiges Denkmal errichtet.

Heraclitea (1848); Jos. J. Scaliger (1855); Ueber das Pholy=
lideische Gedicht (1856); Theophrast's Schrift über die Frömmig=
keit (1866).

Bernstein (Rebenstein), Aron,

(geb. $\frac{\text{6. April}}{\text{24. Nissan}}$ 1812 zu Danzig, gest. $\frac{\text{12. Februar}}{\text{23. Schebat}}$ 1884 zu Berlin),
vereinigte in sich außergewöhnliche geistige Begabung mit
unermüdlichem Streben und unerschöpflicher Schaffenskraft.
Im Alter von dreißig Jahren nach Berlin gekommen, wurde
er nacheinander Literat, Bibelerklärer, hebräischer Antiquar,
Vorbeter bei der von ihm mitgegründeten Berliner Reform=
Gemeinde und Redacteur einer Reform=Zeitung. Seine
Hauptthätigkeit entfaltete er als Redacteur der freisinnigen
"Volkszeitung". Ein Freund naturwissenschaftlicher Unter=
suchungen, hat er, gewandt und klar in seiner Darstellung, in
Volksbüchern, welche in viele Sprachen übersetzt wurden,
die Naturwissenschaften popularisirt. Seine populär=natur=
wissenschaftlichen Arbeiten und seine beiden jüdischen Novellen,
"Vögele der Maggid" und "Mendel Gibbor", welche in
der Charakterisirung und psychologischen Beobachtung nicht
ihresgleichen haben, erhalten seinen Namen.

Das Lied der Lieder (1834); Vögele der Maggid. Mendel
Gibbor (1860).

Bischoffsheim, Jonathan Raphael,

(geb. 1806 zu Oberkassel bei Bonn, gest. $\frac{\text{5. Februar}}{\text{28. Schebat}}$ 1883 zu Brüssel),
einer der Gründer der freien Universität zu Brüssel und
der dort bestehenden Normal= und Gewerbeschulen. Sohn
armer Eltern, gelangte er durch Geist, Thätigkeit und Red=
lichkeit zu großem Reichthum, von dem er, selbst einfach und

anspruchslos, zu wohlthätigen Werken verwendete; ihm verdankt Brüssel die Anstalt zur Ernährung armer Schulkinder, die Gesellschaft zur Unterstützung verschämter Armen und viele andere gemeinnützige Anstalten. Adoptivkind in Belgien, leistete er dem Lande außerordentliche Dienste. Inmitten einer furchtbaren politischen Krise streckte er dem Staate viele Millionen vor und wurde der Rathgeber mehrerer Finanzminister; für seine außerordentlichen Dienste erhielt er die selten verliehene „große" Naturalisation. Er war, zwanzig Jahre Mitglied des Senats, der standhafteste Vertheidiger des Liberalismus. Treuer Bekenner des Judenthums, trat er bei jeder Gelegenheit zum Schutze seiner gedrückten und verfolgten Glaubensgenossen ein. Seine Tugenden, die von ihm gegründeten Schulen und Lehranstalten und der in Brüssel nach ihm benannte Boulevard verewigen seinen Namen.

Bodenheimer, Levi,

(geb. $\frac{13. \text{Decbr.}}{12. \text{ Kislew}}$ 1807 in Karlsruh, gest. $\frac{25. \text{Aug.}}{7. \text{ Elul}}$ 1868 in Krefeld), verband gründliche Kenntnisse des Talmud und der rabbinischen Literatur mit philosophischer Bildung, welche er sich auf der Universität Würzburg angeeignet hatte. Der conservativen Richtung huldigend, wirkte er siebzehn Jahre als Landrabbiner in Hildesheim und dreiundzwanzig Jahre als Oberrabbiner in Krefeld, wo er sich um das Schulwesen verdient gemacht und einen Verein zur Ausbildung jüdischer Lehrer gegründet hat. Exegetische und rechtswissenschaftliche Schriften gingen aus seiner Feder hervor.

Das Lied Mosis (1856); Der Segen Mosis (1860); Das Testament unter Benennung einer Schenkung nach rabbinischen Quellen (1847).

Breidenbach, Wolf,

(geb. 1751 zu Breidenbach (Hessen), gest. $\frac{28. \text{ März}}{25. \text{ Adar}}$ 1829 zu Offenbach a. M.),

ein hochherziger Vertreter seiner Glaubensgenossen, zu deren Gunsten er seinen weitreichenden Einfluß verwandte. Als armer Talmudjünger in Frankfurt a. M. lebend und nach

Bildung strebend, gewann er durch das Schachspiel die Gönnerschaft eines vornehmen Adligen, der ihm die Besorgung seiner Geschäfte anvertraute und ihn einigen Fürsten empfahl. Durch seine strenge Redlichkeit erwarb er sich alsbald ihr Vertrauen, sodaß sie ihn zu ihren Agenten machten und ihm verschiedene Ehrentitel verliehen. Durch seinen Einfluß und seine Fürsprache wurden die Juden in mehreren Ländern West- und Süddeutschlands von dem Leibzoll befreit, und mit „Aufopferung von Zeit, Ruhe und Kosten" hat er sich ein unsterbliches Verdienst um seine Glaubensgenossen erworben.

Brüll, Nehemias,

(geb. $\frac{16.\text{ März}}{14.\text{ We-Adar}}$ 1843 zu Neu-Rausnitz (Mähren), gest. $\frac{5.\text{ Februar}}{27.\text{ Schebat}}$ 1891 zu Frankfurt a. M.),

reich an Wissen, von umfassender Gelehrsamkeit, kritischem Scharfblick und staunenswerthem Gedächtniß. Sohn des gelehrten Rabbiners Jakob Brüll und Enkel des mährischen Oberlandesrabbiners Nehemias Trebitsch, war er Rabbiner in Bisenz und dann, als Nachfolger Abraham Geiger's und Vertreter der Reform im Judenthum, über zwanzig Jahre in Frankfurt a. M. Ein begeisterter Pfleger der jüdischen Wissenschaft, hat er zehn Bände „Jahrbücher für jüdische Geschichte und Literatur" herausgegeben und fast ganz allein geschrieben; dieselben sind eine reiche literarische Fundgrube und sichern ihm einen ehrenvollen Namen.

Jahrbücher für jüdische Geschichte und Literatur (1874—1890); Predigten (1869).

Burg, Meno,

(geb. 1789 zu Berlin, gest. $\frac{26.\text{ August}}{22.\text{ Ab}}$ 1853 daselbst),

der erste und bis jetzt einzige Jude, der in der preußischen Armee einen hohen Rang einnahm. Er widmete sich dem Studium der Mathematik und wurde schon im achtzehnten Jahre im Staatsdienste verwendet. In seiner Liebe zum Vaterlande trat er als Freiwilliger bei der Artillerie ein und wurde nach geschlossenem Frieden als Lehrer der Artillerie-Schule in Berlin angestellt. Unerschütterlich in seiner Glaubenstreue und allen Verlockungen zum Glaubenswechsel energischen Widerstand leistend, wurde ihm, infolge seiner bedeutenden literarischen Leistungen und seiner trefflichen Lehrbücher endlich zum Hauptmann befördert, der Charakter als Major der Artillerie ertheilt. Major Burg, mehrfach decorirt, nannte sich stets mit Stolz Jude und nahm an allen Bewegungen im Judenthum, besonders in der Berliner Gemeinde, deren Vorstandsmitglied er war, das lebhafteste Interesse.

Cerfberr, Theodor Max,

(geb. $\frac{9.\ \text{Decbr.}}{24.\ \text{Kislew}}$ 1792 zu Nancy, gest. $\frac{30.\ \text{Januar}}{12.\ \text{Schebat}}$ 1874 zu Paris),

einer edlen angesehenen Familie angehörend, wandte er sich der militärischen Laufbahn zu. Er machte die Feldzüge in Italien und Spanien mit und wurde vom Unterlieutenant zum Kapitän und stufenweise zum Oberst befördert. Sechs Jahre Mitglied der Kammer, beschäftigte er sich vorzugsweise mit den Militärfragen. Dreißig Jahre Präsident des israelitischen Consistoriums, widmete er sich mit Eifer den Interessen seiner Glaubensgenossen, in deren Geschichte sein Name stets mit Achtung genannt werden wird.

Chorin, Aron,

(geb. $\frac{3.\ \text{Aug.}}{28.\ \text{Ab}}$ 1766 zu Weißkirchen (Mähren), gest. $\frac{24.\ \text{Aug.}}{9.\ \text{Elul}}$ 1844 zu Arad),

der erste Rabbiner Ungarns, der für gottesdienstliche und andere religiöse Reformen unter Verfolgungen eintrat, sie talmudisch und philosophisch begründete und praktisch einführte. Als Schüler Ezechiel Landau's stand er mit seinen Gutachten bei den Reformfreunden namentlich in Deutschland in großem Ansehen und war der erste, der synodale Versammlungen anregte. Fünfundfünfzig Jahre Rabbiner in Arad, strebte er den Jugendunterricht zu verbessern und das Handwerk unter den Juden zu befördern.

Ein Wort zu seiner Zeit (1820); Hillel (1835); Kind des hohen Alters (1839).

Cohn, Albert,

(geb. $\frac{24.\text{Sept.}}{10.\text{Tischri}}$ 1814 zu Preßburg, gest. $\frac{15.\text{März}}{1.\text{Nissan}}$ 1877 zu Paris),

begeistert für das Judenthum, dessen Literatur er von Jugend an pflegte, später lehrte und eifrig förderte, suchte er die Begeisterung für dasselbe in den Herzen Vieler zu wecken. Im Interesse seiner Glaubensbrüder unternahm er mehrere Reisen nach Algerien und Palästina und hielt auf diesen Reisen an verschiedenen Orten Reden in den Synagogen, wozu ihn sein bedeutendes Sprachtalent und die Kenntniß mehrerer orientalischer Sprachen, deren Studium er in Wien und Paris betrieben hatte, besonders befähigte. In seiner Eigenschaft als Almosenier des Barons James von Rothschild nahm er nicht geringen Antheil an der Gründung der Rothschild'schen Stiftungen zu Paris und Jerusalem; überall trat er mit seinen eigenen Mitteln helfend und unterstützend auf und wurde der Förderer der jüdischen Wissenschaft so wie der Wohlthäter unzähliger Hülfesuchender, welche seinen Namen preisen.

Creizenach, Michael,

(geb. $\frac{16.\text{Mai}}{20.\text{Ijar}}$ 1789 zu Mainz, gest. $\frac{5.\text{Aug.}}{29.\text{Ab}}$ 1842 zu Frankfurt a. M.),

ein Mann von großer, fast ohne Schule erworbener Gelehrsamkeit, zugleich von seltener Gedächtnißkraft und durchdringendem Scharfsinn. Er war in der Neuzeit einer der ersten, der entschieden gegen den Rabbinismus auftrat und die rabbinischen Gesetze in einem selbstständigen Werke vom reformatorischen Standpunkte aus zu beleuchten versuchte; er stieß auf heftigen Widerspruch, war aber von großem Einfluß in der jüdischen Gemeinde zu Frankfurt a. M., wo er siebzehn Jahre als Religionslehrer am dortigen Philanthropin wirkte und seinen Ansichten durch religiöse Vorträge Verbreitung verschaffte. Er vertheidigte das Judenthum gegen gehässige Angriffe und gründete zur Verbesserung der socialen Lage seiner Glaubensgenossen einen Verein zur Heranbildung jüdischer Handwerker. Er strebte für die Wiederbelebung der hebräischen Sprache und rief eine Zeit=

schrift ins Leben, welche er redigirte und mit werthvollen Arbeiten versah. Unermüdlich in seinem Fleiße, schrieb er, ein tüchtiger Mathematiker, auch mehrere mathematische Lehrbücher, welche sich durch Klarheit auszeichnen, und andere pädagogische Schriften. Seine theologischen Werke und Streitschriften sichern ihm einen Platz in der Entwickelungsgeschichte des Judenthums.

Geist der pharisäischen Lehre (1823); Encyklopädische Darstellung des mosaischen Gesetzes (4 Theile, 1833—1840); Zion, hebr. Monatsschrift (1841, 1842).

Crémieux, Isaac Adolph,

(geb. $\frac{30.\ April}{22.\ Nissan}$ 1796 zu Nimes, gest. $\frac{10.\ Februar}{28.\ Schebat}$ 1880 zu Paris),

der erste Jude, der zum Minister erwählt wurde, einer der berühmtesten Rechtsgelehrten und ausgezeichnetsten Redner Frankreichs. Einer angesehenen spanisch-portugiesischen Familie entstammend, wählte er das Studium des Rechts zu seinem Lebensberufe und ließ sich nach Beendigung seiner Universitätsstudien, einundzwanzig Jahre alt, als Advocat in seiner Vaterstadt, später in Paris nieder. Ein treuer Verfechter der liberalen Richtung, zeichnete er sich als Deputirter durch entschiedene Freisinnigkeit aus und wurde einer der Urheber der Februar-Revolution: er nahm an der Verkündigung derselben theil und übernahm das Portefeuille der Justiz, das er aber nach mehreren Monaten niederlegte. Unter Napoleon gehörte er als Mitglied der gesetzgebenden Versammlung zu den entschiedensten Oppositionsrednern, sodaß er gezwungen wurde, sich von der Politik ganz zurückzuziehen. Nach dem Sturze des Kaiserreiches übernahm er das Ministerportefeuille zum zweiten male und wurde später zum Senator ernannt. Ein Mann von idealer Auffassung, wollte er für das ganze Volk die möglichst gesetzliche Freiheit und für seine Glaubensgenossen die politische und sociale Gleichstellung mit ihren Mitbürgern jeder Confession. Er wirkte stets zu Gunsten seiner Glaubensbrüder, vertheidigte sie mit Aufopferung gegen Verleumdungen und führte ihre Rechtssache vor den Tribunalen und in der Presse. Er bewirkte mitten in den Stürmen der Revolution die Naturalisation der eingeborenen Juden Algeriens und somit ihre völlige Gleichstellung. Er war Präsident der Alliance Israélite Universelle, ihr Führer und ihr Rathgeber bis zu seinem Tode. In der Geschichte Frankreichs und in den Annalen der Juden glänzt sein Name für alle Zeiten.

Dukes, Leopold.

(geb. $\frac{17.\text{ Januar}}{12.\text{ Schebat}}$ 1810 zu Preßburg, gest. $\frac{3.\text{ August}}{28.\text{ Thamus}}$ 1891 zu Wien),

widmete den größten Theil seines Lebens der Forschung und der jüdischen Wissenschaft. Mit wahrem Bienenfleiße durchforschte er in den größten Bibliotheken Europas die vergilbten Manuscripte und verbreitete neues Licht besonders über die neuhebräische Poesie des Mittelalters, sowie über die hebräischen Grammatiker und Lexikographen in Monographien und unzähligen Beiträgen für Zeitschriften in deutscher, englischer und hebräischer Sprache. Durch die deutsche Uebertragung des Pentateuch-Commentars des größten Commentators des Mittelalters erwarb er sich ein besonderes Verdienst. In der jüdischen Wissenschaft wird sein Name immer mit Achtung genannt werden.

Ehrensäulen und Denksteine zu einem künftigen Pantheon hebr. Dichter und Dichtungen (1837); Raschi über den Pentateuch in deutscher Uebersetzung (1838); Moses b. Esra (1839); Rabbinische Blumenlese (1844); Die ältesten hebr. Exegeten, Grammatiker und Lexikographen (1844); Philosophisches aus dem 10. Jahrhundert (1868).

Eger, Akiba,

(geb. $\frac{2.\text{ November}}{14.\text{ Cheschwan}}$ 1752 zu Eisenstadt, gest. $\frac{12.\text{ Octbr.}}{13.\text{ Tischri}}$ 1837 zu Posen),

eine rabbinische Autorität voll Scharfsinn und Gelehrsamkeit, ein edler Charakter, der Frömmigkeit und echte Toleranz in sich vereinte. Als Jüngling, als Mann und Familienvater lag er unter den größten Entbehrungen unaufhörlich dem Talmudstudium ob. Er wurde im Alter von achtunddreißig Jahren als Rabbiner nach M.-Friedland und vierundzwanzig Jahre später nach Posen berufen; an beiden Orten besuchten viele Hunderte von Schülern die von ihm geleitete talmudische Hochschule. Von Königen und Fürsten geehrt, von seinen Glaubensgenossen geliebt, lebt er fort in seinen scharfsinnigen Werken und im Andenken seiner zahlreichen Schüler.

Rechtsgutachtensammlung 2c. (1835, 1860); Glossen zur Mischna (1841—47).

Einhorn, David,

(geb. $\frac{10. \text{Nov.}}{2. \text{Kislew}}$ 1809 zu Dispeck, gest. $\frac{2. \text{November}}{16. \text{Cheschwan}}$ 1879 zu New-York),

charakterfest und überzeugungstreu, ein begeisterter Verfechter des Judenthums in Wort und Schrift. Nach dem Besuche der Fürther Talmudschule, sechzehn Jahre alt von Wolf Hamburger zur Bekleidung eines Rabbinats befähigt, widmete er sich in Würzburg und München dem Studium der Philosophie. Der entschieden reformistischen Richtung huldigend, war er Rabbiner in Birkenfeld, als Nachfolger Holdheim's in Schwerin, Prediger der Reformgemeinde in Pest bis zu deren Auflösung, dann Rabbiner in Baltimore, Philadelphia und New-York. Mit jener Wahrheitsliebe und Unerschrockenheit, welche ihn auszeichnete, trat er in der Sklavenfrage mit persönlicher Gefahr für die Aufhebung der Sklaverei ein. Seinen religiösen Principien suchte er in einer, mehrere Jahre von ihm redigirten Monatsschrift Verbreitung zu verschaffen. In der nach seinem Tode erschienenen Sammlung seiner deutschen Predigten wurde ihm ein Denkmal gesetzt.

Das Princip des Mosaismus (1853); Sinai, ein Monatsblatt (1856 ff.); Ausgewählte Predigten und Reden (1881).

Finzi, Giuseppe,

(geb. 1815 zu Rivaroli-Fuori, gest. $\frac{19. \text{Decbr.}}{22. \text{Kislew}}$ 1886 zu Mantua),

einer der edelsten Vorkämpfer für die Einheit Italiens, für die er lange gestritten und Kerkerstrafe erlitten. Er war von unbeugsamer Charakterfestigkeit und großem Muthe, wie er ihn als Mitglied der provisorischen Regierung an den Tag legte. Unerschütterlich in seiner Ueberzeugung, gehörte er als Parlamentsmitglied zur Partei der äußersten Linken, bis sein Versuch, zwischen Cavour, der ihn in wichtigen

Staatsgeschäften verwandte, und Garibaldi zu vermitteln, völlig scheiterte. Sein Name glänzt unter den Helden und Staatsmännern Italiens.

Formstecher, Salomon,

(geb. $\frac{28.\text{ Juli}}{4.\text{ Ab}}$ 1808 zu Offenbach, gest. $\frac{24.\text{ April}}{23.\text{ Nissan}}$ 1889 daselbst),

bekleidete das Amt eines Predigers und Rabbiners seiner Heimatsgemeinde siebenundfünfzig Jahre und war einer der ersten, der die neuzeitlichen Formen des Gottesdienstes mit Orgel und regelmäßiger Predigt einführte und das Schulwesen zu heben bemüht war. Ein tiefer Denker, war er einer der ersten, der eine „wissenschaftliche Darstellung des Judenthums nach seinem Charakter, Entwickelungsgange und Berufe in der Menschheit" lieferte. Ehrenbürger der Stadt Offenbach, schied er mit dem Rufe eines ehrenfesten Charakters von hinnen.

Die Religion des Geistes, eine wissenschaftliche Darstellung des Judenthums (1841); Buchenstein und Cohnberg, ein Familiengemälde (1863).

Frankel, Zacharias,

(geb. $\frac{1.\text{ October}}{24.\text{ Tischri}}$ 1801 zu Prag, gest. $\frac{13.\text{ Febr.}}{8.\text{ Adar}}$ 1875 zu Breslau),

ein bedeutender Mann von mildem Charakter, unermüdlichem Fleiße, gewissenhafter Berufstreue und umfassender Gelehrsamkeit, welche er sowol in mehreren bahnbrechenden rechtswissenschaftlichen und exegetischen Werken, als in seinen, der wissenschaftlichen Erforschung des Talmud gewidmeten Arbeiten und in der von ihm herausgegebenen „Zeitschrift", beziehungsweise „Monatsschrift" bekundete. Als Rabbiner in Teplitz, dann während achtzehn Jahren Oberrabbiner in Dresden, wirkte er für die Hebung und Gleichberechtigung seiner Glaubensgenossen, besonders für die Beseitigung des sogenannten Judeneides durch Wort und Schrift. Er war über zwanzig Jahre Leiter der ersten in Deutschland errichteten jüdisch-theologischen Lehranstalt in Breslau, der er seine religiöse Richtung, die des positiv-historischen Judenthums, gab und als Vermächtniß hinterließ. In den Herzen einer großen Zahl von Schülern, welche ihm ein liebe- und verehrungsvolles Andenken bewahren, und in seinen wissenschaftlichen Werken lebt er fort und fort. Die Eidesleistung der Juden in theologischer und historischer Beziehung (1840, 1847); Studien zur Septuaginta (1841); Der gerichtliche Beweis nach mosaisch-talmudischem Rechte (1846); Zeitschrift für die religiösen Interessen des Judenthums (1844—1846); Monatsschrift für die Geschichte und Wissenschaft des Judenthums (1851—1868). Darke ha-Mischnah, Einleitung in die Mischnah (hebr., 1860).

Frankenburger, Wolf,

(geb. $\frac{\text{8. März}}{\text{9. Adar}}$ 1827 zu Obbach (Baiern), gest. $\frac{\text{18. Juli}}{\text{19. Thamus}}$ 1889 zu Nürnberg),

ein trefflicher Bürger, scharfsinniger Jurist, eminenter, begeisternder Redner. Reich an Wissen und von durchbringender Denkkraft, voll edler Humanität und Gesinnungstüchtigkeit, gehörte er, während zwanzig Jahren Mitglied des bairischen Abgeordnetenhauses, vier Jahre Mitglied des deutschen Reichstages, der liberalen Partei, deren muthiger Führer er war, bis zum letzten Athemzuge an. Treu seiner väterlichen Religion, vertheidigte er bei jeder Gelegenheit die Rechte seiner Glaubensgenossen; die Abschaffung des ungerechten Judenzolles an die Kirchen verdanken die Juden Baierns seiner Energie. Zum Justizrath ernannt, ließ der bairische Prinzregent einen Kranz legen auf den Sarg des herrlichen Mannes.

Frankfurter, Naphtali,

(geb. $\frac{\text{13. Febr.}}{\text{9. Adar}}$ 1810 zu Oberdorf (Württemberg), gest. $\frac{\text{13. April}}{\text{28. Nissan}}$ 1866 zu Hamburg),

Rabbiner in Lehrensteinfels, dann in Braunsbach, wurde er im Alter von dreißig Jahren als Prediger an den Tempel zu Hamburg berufen. Der entschieden freisinnigen Richtung angehörend, nahm er an den religiösen Bewegungen im Judenthum lebhaften Antheil und bethätigte sich mit Hingebung an der Förderung öffentlicher und gemeinnütziger Interessen, sowie des Unterrichts- und Erziehungswesens. Seine Predigten wenden sich mehr an den Verstand als an

das Gemüth. Mit seinem Freunde und Landsmanne Berthold Auerbach gab er eine „Gallerie der ausgezeichneten Israeliten" heraus.
Gallerie der ausgezeichneten Israeliten (1838); Predigten (1842).

Frankl, Pinkus F.,

(geb. $\frac{\text{Januar}}{\text{Schebat}}$ 1848 zu Mähr.=Ostrau, gest. $\frac{\text{22. Aug.}}{\text{2. Elul}}$ 1887 zu Johannisbad),

durch seine rednerische Begabung, seine Friedensliebe und seine innige Antheilnahme an Noth und Elend erwarb er sich die Liebe und Verehrung der Berliner Gemeinde, in der er, ein Zögling des Breslauer jüdisch=theologischen Seminars, zehn Jahre als Rabbiner und Prediger wirkte. Mit seinem reichen Wissen stand er im Dienste der Wissenschaft, welche er emsig pflegte, durch einige werthvolle Arbeiten bereicherte und mehrere Jahre an der „Hochschule für die Wissenschaft des Judenthums" in Berlin lehrte. Seine irdische Hülle ruht auf dem jüdischen Friedhofe zu Berlin, sein Andenken in den Herzen seiner Schüler und Zuhörer.
Karäische Studien (1876); Predigten (1883).

Frensdorff, Salomon,

(geb. $\frac{\text{24. Febr.}}{\text{2. Adar}}$ 1803 zu Hamburg, gest. $\frac{\text{23. März}}{\text{11. Nissan}}$ 1880 zu Hannover,

Oberlehrer und Director der jüdischen Lehrerbildungsanstalt in Hannover, hatte sich auf dem Johanneum seiner Vaterstadt und auf der Universität zu Bonn schöne Kenntnisse angeeignet. Durch seine Arbeiten hat er die masoretische Wissenschaft wesentlich gefördert und als Anerkennung seiner Verdienste wurde ihm der Titel Professor verliehen. Schüler des Chacham Bernays, theilte er dessen religiöse Ansichten. Seinen Schülern war er in seiner Herzensgüte und offenen Gemüthlichkeit der wohlwollendste Freund.
Das Buch Ochlah W'ochlah (1864).

Friedenthal, Markus B.,

(geb. $\frac{\text{Juni}}{\text{Siwan}}$ 1781 zu Gr.=Glogau, gest. $\frac{\text{8. Decbr.}}{\text{12. Kislew}}$ 1859 zu Breslau),

ein wohlhabender Kaufmann, der, ausgerüstet mit vielseitigen Kenntnissen und seltener Combinationsgabe, sich die

Aufgabe stellte, die allgemeine Humanität in den Formen des Judenthums aufzuweisen. Er war ein ungemein fruchtbarer Schriftsteller; er schrieb vom conservativen Standpunkte in hebräischer Sprache umfassende philosophisch-theologische Werke, welche viel ungeordnetes Material enthalten und welche er auf eigene Kosten drucken, zum Theil ins Deutsche übersetzen ließ und den Freunden der jüdischen Wissenschaft unentgeltlich verabreichte. Er rief mehrere humanitäre Vereine ins Leben, in denen er zuweilen Reden hielt, verfaßte Gesänge, Gebete und Erbauungsschriften. Die jüdische Geschichte hat wenig Beispiele von solcher Hingebung und Opferwilligkeit für literarische Arbeiten, und schon dadurch hat sich Friedenthal ein Denkmal gesetzt.

Jfre Emunah. Ueber die Dogmen des jüdischen Glaubens (3 Bände, 1816—1818); Jessod ha-dath, Charakteristik des jüdischen Gesetzes (7 Bände, 1821—1823).

Friedländer, David,

(geb. 6. Decbr. / 18. Kislew 1750 zu Königsberg, gest. 25. Decbr. / 23. Kislew 1834 zu Berlin), Freund und Schüler Moses Mendelssohn's, der einflußreichste Mann seiner Zeit, der erste jüdische Stadtrath in Berlin. Er war der Begründer und erste Leiter der jüdischen Freischule in Berlin und schrieb für dieselbe das erste jüdische Lesebuch. Er war der erste der in seinem Bestreben die deutsche Sprache unter den Juden zu verbreiten, die Gebete der Israeliten ins Deutsche übersetzte. Er trat mit Energie den Vorurtheilen gegen seine Glaubensgenossen entgegen und kämpfte für die Anerkennung der Juden in Preußen als Deutsche, sowie für die Verbesserung der Lage der Juden im ehemaligen Königreiche Polen. Ein Sohn seiner Zeit, war er ein Gegner des jüdischen Ceremonialgesetzes, schwärmte er für einen deutsch-jüdischen Gottesdienst und war der eigentliche Begründer einer Reform im Judenthume. Durch seine Wohlthätigkeit und seine unermüdete Theilnahme an humanitären Werken hat er viele Herzen gewonnen.

Lesebuch für isr. Schulen (1779); Gebete der Juden, übersetzt, (1786); Reden, der Erbauung gebildeter Israeliten gewidmet, (1815—1817); Ueber die nothwendig gewordene Umbildung des Gottesdienstes in den Synagogen (1819); Ueber die Verbesserung der Israeliten im Königreich Polen (1819).

Fürst, Julius.

(geb. $\frac{\text{12. Mai}}{\text{13. Ijar}}$ 1805 zu Zerkowo (Pr. Posen), gest. $\frac{\text{9. Februar}}{\text{12. Schebat}}$ 1873 zu Leipzig),

der erste Jude, welcher an einer sächsischen Universität lehrte und, erst wenige Jahre vor seinem Tode, zum Professor ernannt wurde. Aus mühevollen Anfängen und mit Entbehrungen kämpfend, arbeitete er sich durch rastloses geistiges Streben zur wissenschaftlichen Höhe empor. Er entfaltete auf mannichfachen Gebieten, insbesondere auf dem der aramäischen Grammatik, der Lexikographie und Bibliographie, der jüdischen Geschichte und biblischen Literatur eine sehr fruchtbare Thätigkeit, deren Resultate häufig der Gründlichkeit ermangeln und von der wissenschaftlichen Kritik oft angefochten wurden. Elf Jahre gab er eine Zeitschrift heraus, welche sich nicht immer von persönlichen Angriffen fern hielt. Mehrere seiner Werke werden das Gedächtniß seines Namens der Nachwelt erhalten.

Lehrgebäude der aram. Idiome (1835); Concordanz (1840); Bibliotheca Judaica (1849—1863); Hebr. u. chald. Handwörterbuch über d. A. Test. (1857, 1863); Gesch. d. biblischen Literatur (1867—1870); Gesch. d. Karäerthums (1862—1869).

Geiger, Abraham,

(geb. $\frac{\text{24. Mai}}{\text{20. Ijar}}$ 1810 zu Frankfurt a. M., gest. $\frac{\text{23. October}}{\text{12. Cheschwan}}$ 1874 zu Berlin),

der eigentliche Vertreter der wissenschaftlichen Theologie des Judenthums, einer der bedeutendsten Gelehrten der Neuzeit. Mit rabbinischem und classischem Wissen ausgerüstet, studirte er in Heidelberg und Bonn und wurde im Alter von fünfundzwanzig Jahren als Rabbiner nach Wiesbaden berufen. Einige Jahre später folgte er einem Rufe nach Breslau, wo er viele Kämpfe zu bestehen hatte und beinahe ein Viertel Jahrhundert wirkte, dann nach Frankfurt, seiner Vaterstadt, und, nahezu sechzig Jahre alt, nach Berlin, wo er auch an der „Hochschule für die Wissenschaft des Judenthums" lehrte. Reichen Geistes und Wissens eröffnete er seine Wirksamkeit für das Judenthum mit seiner „Wissenschaftlichen Zeitschrift für jüdische Theologie", welche in theologischer und wissenschaftlicher Hinsicht von bedeutendem Einflusse war, und der sich später seine „Jüdische Zeitschrift für Wissenschaft und Leben" anschloß, welche er bis zu seinem Tode herausgab. Er entfaltete eine umfassende literarische Thätigkeit, welche sich über Bibel und Talmud, über das mittelalterliche Schriftthum, über jüdische Dichter und Dichtungen, über die Geschichte der Juden und des Judenthums, sowie die der Karäer und Samaritaner in größeren Werken, in Monographien und kritischen Abhandlungen in deutscher und hebräischer Sprache erstreckte. Er war einer der Bahnbrecher der Reform des Judenthums, als dessen Wesen er die freie Entwickelung der inneren sittlichen Kraft betrachtete und die er in Schrift und Wort vertheidigte. In der Wissenschaft des Judenthums und in dessen Entwickelungsgeschichte wird er stets einen hervorragenden Platz einnehmen.

Was hat Mohammed aus dem Judenthum aufgenommen? Preisschrift (1833); Wissenschaftliche Zeitschrift für jüdische Theologie (1835. 36, 38, 39, 45, 48); Lehrbuch zur Sprache der Mischnah (1845); Das Judenthum u. seine Geschichte (1864, 65, 71); Jüdische Zeitschrift für Wissenschaft und Leben (1862—1874); Nachgelassene Schriften (1875—1878).

Geiger, Lazarus,

(geb. 21. Mai / 18. Ijar 1829 zu Frankfurt a. M., gest. 29. Aug. / 2. Elul 1870 daselbst), einer der gelehrtesten Sprachforscher und tiefsten Denker seiner Zeit. Sohn eines Privatgelehrten, beschäftigte ihn, angeregt durch die Bibel, schon in der Jugend die Frage nach dem Ursprung und der Entwickelung der Sprache, deren Lösung er sich später zur Lebensaufgabe stellte. Von seinen Eltern für den Buchhandel bestimmt, lag er in seinen Mußestunden dem Studium der hebräischen, chaldäischen und anderer Sprachen ob, besuchte dann das Gymnasium, das er mit einer Rede über das Buch Hiob verließ, und besuchte die Universitäten Bonn, Heidelberg und Marburg, um Philologie, Philosophie und Geschichte zu studiren. Er schwang sich empor auf die Höhe einer weltumfassenden Wissenschaft und unternahm es, was die größten Forscher und Denker als ein in weiter Ferne liegendes Problem erklärten, eine Geschichte der Begriffe, eine Lehre von der Entwickelung der Bedeutungen, dem Denken und Empfinden, zu schreiben. Acht Jahre Lehrer an der israelitischen Realschule in Frankfurt a. M., hing er, mit dem jüdischen Schriftthum vertraut, ein tiefer Kenner des Judenthums, voll Pietät an dem Erbtheil seiner Väter.

Ursprung und Entwickelung der menschlichen Sprache und Vernunft (1868); Ursprung der Sprache (1869).

Godefroi, Michael H.,

(geb. 1814 zu Amsterdam, gest. $\frac{25.\ \text{Juni}}{8.\ \text{Thamus}}$ 1882 zu Würzburg),

der erste der als Jude zum niederländischen Justizminister ernannt wurde. Er war ein ausgezeichneter Jurist, einer der bedeutendsten Mitglieder der niederländischen Kammer, der er mit kurzer Unterbrechung über dreißig Jahre angehörte, und der auf legislatorischem Gebiete Bedeutendes geleistet hat. Er war einer derjenigen Staatsmänner jüdischen Stammes, welcher, unerschütterlich treu dem väterlichen Glauben, Präsident des israelitischen Consistoriums, die Rechte seiner Glaubensgenossen sowol in Holland als in der Schweiz und in Rumänien mit Entschiedenheit und Eifer vertrat. Mit dem Rufe der Bescheidenheit und der Charakterfestigkeit schied er, von seinem Könige zum Staatsminister ernannt, von hinnen. Seine irdischen Reste wurden im Haag bestattet.

Goldsmid, Francis Henry,

(geb. $\frac{1.\ \text{Mai}}{4.\ \text{Ijar}}$ 1808 zu London, gest. $\frac{2.\ \text{Mai}}{29.\ \text{Nissan}}$ 1878 daselbst),

der erste Jude, der, ein tüchtiger Jurist, in England zur Advocatur zugelassen wurde. Achtzehn Jahre Mitglied des Parlaments war er eine Stütze der liberalen Partei. Er widmete seine Zeit und seine reichen Mittel stets der Sache seiner Glaubensgenossen; er war schon als junger Mann in Wort und Schrift thätig für ihre Emancipation und trat als Verfechter ihrer Rechte sowol im Parlament als durch seinen Einfluß freimüthig und kräftig für die Unterdrückten in die Schranken. Reichbegabt, mit religiösem Gemüthe und von hoher Geistesbildung, war er Förderer der Bildungs=

anstalten und eifrig bestrebt, Verbesserungen im jüdischen Gottesdienste einzuführen; er wurde der Gründer der neuen Synagoge, deren treuer Anhänger er bis zu seinem Tode blieb. Durch seine außerordentliche Wohlthätigkeit, sein energisches Einschreiten für die Angelegenheiten seiner Glaubensgenossen und durch die Gründung der englisch=jüdischen Allianz hat er sich ein ehrenvolles Blatt in der Geschichte der Juden gesichert.

Goudchaux, Michel,

(geb. 1797 zu Nancy, gest. $\frac{25.\ \text{Decbr.}}{26.\ \text{Kislew}}$ 1864 zu Paris),

ein in seinen Grundsätzen und Handlungen unerschütterlicher, ehrenfester Charakter von rücksichtsloseste Aufrichtigkeit in allen Lagen seines Lebens. Schon in früher Jugend an die Spitze eines großen Bankhauses gestellt und nach der Juli=Revolution mehrere Jahre Kriegszahlmeister, erwarb er sich durch mehrere Schriften den Ruf einer Autorität im Finanzfache, sodaß er nach der Februar=Revolution zum Finanzminister ernannt wurde. Seinen Grundsätzen treu, zog er sich unter der Regierung Napoleon's ins Privatleben zurück und machte sich zum Minister der Wohlthätigkeit: er ging von Thür zu Thür, die Büchse hinstreckend und sprechend: „Bürger, für die Verbannten!" Seinem Wunsche gemäß auf dem Armen=Leichenwagen zu seiner Ruhestätte gebracht, nahm er den Ruf eines charakterfesten Mannes mit ins Grab.

Graetz, Hirsch (Heinrich),

(geb. $\frac{31.\ \text{October}}{21.\ \text{Cheschwan}}$ 1817 zu Xions (Pr. Posen), gest. $\frac{7.\ \text{Sept.}}{4.\ \text{Elul}}$ 1891 zu München),

Geschichtschreiber der Juden. Sohn armer Eltern, besuchte er das Gymnasium zu Oldenburg, wo Samson R. Hirsch sein Lehrer und Beschützer war, und dann die Universität zu Breslau. Einige Jahre Lehrer in Lundenburg (Mähren), wirkte er achtunddreißig Jahre als Lehrer an dem jüdisch=theologischen Seminar und vierundzwanzig Jahre als Professor an der Universität zu Breslau. Er stand fünfundvierzig Jahre im Dienste der jüdischen Wissenschaft und bearbeitete mit staunenswerthem Fleiße und umfassender Gelehrsamkeit in zwölf Bänden die Geschichte der Juden, welche mehrere Auflagen erlebte und theilweise in fremde Sprachen übersetzt wurde. Trotz mannichfacher einseitiger Auffassung geschichtlicher Momente und Persönlichkeiten, und trotz dem Wechsel religiöser Richtungen, unter deren Eindruck das Werk geschrieben wurde, ist die Geschichte eine bedeutende Leistung, welche ihm weit mehr als seine exegetischen Arbeiten ein ehrenvolles Andenken für alle Zeiten sichert. Seine irdische Hülle fand in Breslau eine Ruhestätte.

Geschichte der Juden (1853—1874); Koheleth (1871); Das Salomonische Hohelied (1871); Die Psalmen (1882, 83); Gnosticismus und Judenthum (1846).

Günzburg, Joseph von,

(geb. 1811 zu Wilna, gest. $\frac{12.\ Januar}{8.\ Schebat}$ 1878 zu Paris),

ein großherziger Wohlthäter seiner russischen Glaubensgenossen, deren Wohl ihm am Herzen lag und zur Verbesserung deren trauriger Lage er in seiner hohen Stellung seinen bedeutenden Einfluß bei den Großen des Czarenreiches stets verwandte. Freund der Kunst und Wissenschaft, vertraut mit der hebräischen Sprache und Literatur und Besitzer einer an seltenen Handschriften reichen Bibliothek, ließ er viele Jünglinge auf seine Kosten erziehen und ausbilden; er stiftete in St. Petersburg mit großen Opfern eine „Gesellschaft zur Verbreitung der Bildung unter den russischen Juden" mit dem Zwecke, Schulen zu unterstützen und nützliche Schriften zu verbreiten. Als strenggläubiger Jude und opferwilliger Patriot lebt sein Andenken in seinen Stiftungen und seinen ihm nachahmenden Kindern.

Haindorf, Alexander,

(geb. 1782 zu Hamm (?), gest. $\frac{16.\ Octbr.}{22.\ Tischri}$ 1862 daselbst),

Gründer und erster Director des israelitischen Lehrer-Seminars zu Münster. Sohn armer Eltern, widmete er sich dem Studium der Medicin. Seinem Berufe als Arzt lebte er in seiner Heimat, dann in Münster, wo er auch an der dort bestandenen medicinisch=chirurgischen Akademie bis zu deren Auflösung als Professor wirkte und in seinem Fache schriftstellerisch thätig war. In seiner liebevollen Theilnahme für seine Glaubensgenossen und geleitet von dem Gedanken, „daß es allein die Erziehung sei, welche uns retten könne von allen Uebeln, die uns drücken", gründete er für die Rheinprovinz und Westfalen einen „Verein zur Bildung von Elementarlehrern und Beförderung von Hand= werken und Künsten unter den Juden", dessen Wohl und Gedeihen ihn beseelte. Das Seminar, an dem er selbst lehrte und dessen Bestand er sicherte, hat viele Jünglinge einem ehrenvollen Berufe zugeführt, die meisten jüdischen Gemeinden Westfalens mit Lehrern versorgt und zur Ver= breitung der Bildung unter den Juden direct und indirect beigetragen. Die irdische Hülle des trefflichen Mannes wurde nach Münster übergeführt.

Halévy, Jakob Fromental Elias,

(geb. 27. Mai / 22. Ijar 1799 zu Paris, gest. 17. März / 15. We=Adar 1862 zu Nizza), einer der bedeutendsten französischen Componisten. Schon im Alter von zwanzig Jahren gewann er durch eine Com= position in der Akademie der Künste den ersten Preis. Sein Meisterwerk, „Die Jüdin", begründete seinen Ruf. Er wurde Professor am Pariser Conservatorium und beständiger Secretär der Akademie der Künste. Ein treuer Anhänger seines väterlichen Glaubens, war er mehrere Jahre Mit= glied des Central=Consistoriums der französischen Israeliten und lieferte mehrere synagogale Compositionen. Er hatte das feinste religiöse Gefühl; „Die Jüdin" begeisterte ihn zu den süßesten Melodien und den hinreißendsten Gesängen. Sein Name wird allen Künstlern stets theuer sein.

Heilprin, Michael,

(geb. 1823 zu Piotrkow (Polen), gest. 10. Mai / 29. Ijar 1888 zu Summit (New=Jersey),

einer berühmten polnischen Gelehrtenfamilie entstammend, ein hervorragender Gelehrter mit wunderbarem Gedächtnisse,

der sich ohne Schule und Lehrer umfassende linguistische
Kenntnisse aneignete, sodaß er achtzehn verschiedene Sprachen
las und sprach. In seinem Freiheitsdrange nahm er theil
an der ungarischen Revolution und bekleidete die Stelle
eines Secretärs im literarischen Bureau des ungarischen
Ministeriums des Innern. Nach der Revolution flüchtete
er nach Paris, begab sich dann nach England und später
nach New-York, wo er, mit der Familie Kossuth's innig
befreundet, der Hauptmitarbeiter der „Neuen amerikanischen
Encyklopädie", der „Nation" u. a. wurde. Originelle Ansichten entwickelte er in seinem bedeutenden Werke „Die
historische Poesie der alten Hebräer". Heilprin, ein edler
Mensch, suchte für die aus Rußland vertriebenen Juden
mit aufopfernder Hingebung neue Colonien zu gründen.
The historical Poetry of the ancient Hebrews (1879).

Heine, Salomon,

(geb. 1767 zu Hannover, gest. $\frac{\text{23. Decbr.}}{\text{13. Tebeth}}$ 1844 zu Hamburg),

der freigebigste Wohlthäter und edelste Menschenfreund der
Stadt Hamburg. Arm und verlassen kam er im Alter von
siebzehn Jahren nach der Elbstadt und wurde Makler.
Durch seine staunenswerthe Rührigkeit, seine strenge Redlichkeit und seinen biedern Charakter erwarb er sich allgemeines Vertrauen, sodaß sein Haus bald einen europäischen
Ruf erlangte. In seinem Herzen wohnte die allgemeine
Menschenliebe, er übte Mildthätigkeit in der hochherzigsten
Weise. Zum Andenken seines in der Blüthe des Lebens
verstorbenen Sohnes stiftete er die dessen Namen tragende
Vorschußkasse zum Besten israelitischer Handwerker und Ge-
werbtreibender, und auf seine Kosten wurde das große Kranken-
haus der Hamburger israelitischen Gemeinde erbaut. Kunst
und Wissenschaft, Bildungs- und Erziehungsanstalten fanden
in ihm stets einen Förderer. In seinem Testamente bestimmte er große Summen für Gemeinden, Schulen und
Wohlthätigkeitsanstalten, welche seinen Namen preisen und
verehren.

Herxheimer, Salomon,

(geb. $\frac{\text{6. Februar}}{\text{23. Schebat}}$ 1801 zu Dotzheim bei Wiesbaden, gest. $\frac{\text{25. Decbr.}}{\text{7. Tebeth}}$ 1884 zu Bernburg),

ein begeisterter Kämpfer für das Judenthum, für das er als Landrabbiner von Bernburg im Sinne des gemäßigten Fortschritts nahezu fünfzig Jahre wirkte, unablässig bemüht, den Volks= und Jugendunterricht zu heben, durch populäre Predigten die Herzen zu gewinnen, Handwerk und Ackerbau unter den Juden zu fördern. Er übersetzte die Bibel, die er mit Takt und Scharfblick erläuterte und homiletisch nutzbar machte, verfaßte Schul= und Religionsbücher, welche weite Verbreitung fanden und viele Auflagen erlebten, und hatte ein warmes Herz für den Lehrerstand, dem er in der Jugend selbst angehörte, dessen Stellung und Ansehen zu verbessern und zu heben er als seine Lebensaufgabe betrachtete. Herx= heimer lebt fort in den Gemüthern der Kinder, die aus seinen Religionsbüchern die erste Erkenntniß geschöpft, in einer seinen Namen tragenden Stiftung, die seiner Ehre und seinem Andenken errichtet wurde.

Der Pentateuch im hebräischen Texte, mit worttreuer Ueber= setzung und fortlaufender Erklärung (1841); Die Propheten und Hagiographen, in Text, Uebersetzung und mit fortlaufendem Com= mentar (1841—48); Israelitische Glaubens= und Pflichtenlehre (1831, 27. Aufl. 1889); Predigten (1836—40).

Herz, Jakob,

(geb. $\frac{\text{2. Febr.}}{\text{3. Schebat}}$ 1816 zu Baireuth, gest. $\frac{\text{27. Sept.}}{\text{12. Tischri}}$ 1871 zu Erlangen),

der erste jüdische ordentliche Professor in Baiern, der erste Jude, dem in Deutschland durch allgemeine Sammlung ein Standbild gesetzt wurde. Ein echter Sohn Israels, ein Märtyrer seines Glaubens, der nur als Jude Universitäts= professor werden wollte, erlangte er erst nach neunund= zwanzigjährigem erfolgreichen Wirken an der Universität Erlangen eine ordentliche Professur. Er war ein bedeutender Arzt und Chirurg, dessen Ruf weit über die Grenzen Deutschlands drang, ein treuer Berather der Jugend, stand überall in vorderster Reihe, wo es galt die Grund=

sätze der Humanität in werkthätiger Liebe zum Ausdruck zu bringen. Er war begeistert für die Macht des deutschen Vaterlandes, für das er mitkämpfte in aufopfernder Hingebung.

Herzfeld, Levi,

(geb. $\frac{28.\ Decbr.}{1.\ Tebeth}$ 1810 zu Ellrich am Harz, gest. $\frac{11.\ März}{14.\ Adar}$ 1884 zu Braunschweig),

hervorragend als Gelehrter und Forscher. Geistig sehr begabt, wurde er in frühester Jugend in das Bibel- und Talmudstudium eingeführt, das er nach Beendigung seiner Gymnasial- und Universitätsstudien bei dem Landrabbiner S. Eger in Braunschweig fortsetzte. Anfangs Adjunct seines Lehrers, wurde er nach dessen Tode sein Nachfolger, und bekleidete das Amt eines herzoglich braunschweigischen Landrabbiners zweiundvierzig Jahre. In der Religion wie in der Politik dem Fortschritte huldigend, war er einer der ersten, der einen den Anforderungen der Neuzeit entsprechenden Cultus herstellte. Mit seinem klaren Geiste und reichen Wissen pflegte er unermüdlich die jüdische Wissenschaft; durch mehrere, durch Gründlichkeit und besonnene Kritik ausgezeichnete Werke auf dem Gebiete der jüdischen Geschichte, Archäologie und Linguistik hat er sich ein ehrenvolles Denkmal gesetzt. Herzfeld, den die Bescheidenheit eines echten Gelehrten zierte, wurde einige Jahre vor seinem Tode der Titel eines Professors verliehen.

Geschichte des Volkes Israel von der Zerstörung des ersten Tempels (1847 ff., 1870); Handelsgeschichte der Juden des Alterthums (1879); Einblicke in das Sprachliche der semitischen Urzeit (1888); Predigten (1858, 1863).

Hirsch, Jakob von,

(geb. 1764 zu Königshofen bei Würzburg, gest. $\frac{23.\ März}{1.\ Nissan}$ 1841 zu München),

der erste Jude, der in Baiern Grundstücke erwerben durfte und Landbau betrieb. Vom Talmudjünger schwang er sich zum bairischen Hofbankier empor und genoß als solcher durch seine strenge Redlichkeit die Achtung der höchsten Staatsbeamten. Ohne das Bürgerrecht erlangen zu können, bewies er dem Staate die größte Theilnahme und rüstete im Befreiungskriege auf eigene Kosten ein Bataillon Soldaten aus. Durch die Gnade seines Königs von allen Ausnahms= gesetzen befreit, hat er sich über seine Glaubensgenossen nie erhoben und ihr trauriges Los durch seine Fürsprache stets zu mildern gesucht. Die hochherzigen Stiftungen, welche er zum Bau von Synagogen, zur Hebung des Jugendunter= richtes, zur Unterstützung armer Kinder und zu Stipendien für arme Rabbinats=Candidaten gemacht, tragen für ewige Zeiten seinen Namen.

Hirsch, Joseph von,

(geb. $\frac{\text{2. Juli}}{\text{5. Siwan}}$ 1805 zu Würzburg, gest. $\frac{\text{9. Decbr.}}{\text{1. Tebeth}}$ 1885 zu München),

Vater und Vorbild des großen Philanthropen der Gegen= wart. Nach Beendigung seiner Studien übernahm er die Leitung des von Jakob v. Hirsch, seinem Vater, gegründeten Bankhauses. Er war ein Wohlthäter seiner Mitbürger und Glaubensgenossen: zur Zeit der Cholera=Epidemie errichtete er Spitäler aus eigenen Mitteln und trug zur Linderung der allgemeinen Noth in hochherziger Weise stets bei. In den Freiherrnstand erhoben, begleiteten ihn Minister und Gesandte zur letzten Ruhestätte; namhafte wohlthätige Stiftungen verewigen seinen Namen.

Hirsch, Samson Raphael,

(geb. $\frac{\text{20. Juni}}{\text{25. Siwan}}$ 1808 zu Hamburg, gest. $\frac{\text{31. Decbr.}}{\text{27. Tebeth}}$ 1888 zu Frankfurt a. M.),

der geistreiche Vertreter des conservativen Judenthums, der als junger Mann den Kampf für dasselbe aufnahm und bis zu seinem Tode mit unerschütterlicher Charakterfestigkeit und unermüdlichem Eifer fortsetzte. Anfangs für den Kauf= mannsstand und erst später für die rabbinische Laufbahn bestimmt, besuchte er die talmudische Hochschule zu Mann= heim und die Universität zu Bonn, und wurde im Alter von zweiundzwanzig Jahren Rabbiner in Oldenburg, von wo er nach Emden und sechs Jahre später als mährisch= schlesischer Oberlandesrabbiner nach Nikolsburg berufen wurde, jedoch schon nach vier Jahren einem Rufe an die „israelitische Religionsgemeinde" in Frankfurt a. M. folgte. Mit Begeisterung und Ueberzeugungstreue eröffnete er den Kampf gegen die fortschrittliche Bewegung in seinen grundlegenden, pseudonym erschienenen „Neunzehn Briefen", welche ihm Anerkennung und Anhänger verschafften. Nach dem Grundsatze „völlige Unterwürfigkeit unter den Glauben" wollte er in seinen „Versuchen über Jißroels Pflichten in der Zerstreuung" alle überkommenen religiösen Bräuche für alle Zeiten erhalten wissen und suchte, als Schüler des Hamburger Chacham Bernays zur Symbolik geneigt, durch Symbolisirung und Allegorisirung diese Bräuche neu zu beleben. Entschiedener Gegner jeder religiösen Reform, trat er, ein gewandter Polemiker, sowol in selbstständigen Schriften als in einer von ihm begründeten und viele Jahre von ihm herausgegebenen Zeitschrift gegen die fortschrittlichen Bewegungen der Zeit und ihre Träger, gegen das erste in Deutschland errichtete jüdisch-theologische Seminar und dessen ersten Director, nicht immer ohne Leidenschaftlichkeit, in den Kampf. Energisch in seinem ganzen Wesen, setzte er das sogenannte Austrittsgesetz durch, demzufolge die orthodoxen Separatgemeinden von den Haupt- und Muttergemeinden gesetzlich getrennt und als selbstständige Gemeinden anerkannt wurden. Er war ein begeisterter Redner, der durch seine Beredsamkeit die Zuhörer fortriß, ein eigenartiger Bibelerklärer und ein bewährter Schulmann. In der Entwickelungsgeschichte des Judenthums nimmt er als Stifter einer Schule einen bedeutsamen Platz ein.

Neunzehn Briefe über Judenthum, herausgegeben von Ben Usiel (1836); Choreb. Versuche über Jißroels Pflichten (1837, 1889); Erste und zweite Mittheilung aus Naphtalis Briefwechsel (1838, 1844); Jeschurun. Ein Monatsblatt zur Förderung jüdischen Geistes und jüdischen Lebens (1855—1869); Der Pentateuch, übersetzt und commentirt (1867 ff.); Die Psalmen (1885).

Hirschler, Ignatz,

(geb. Octbr. Cheschwan 1823 zu Stampfen (Ungarn), gest. 11. November / 10. Cheschwan 1891 zu Budapest),

der erste Jude, der zum Mitgliede des ungarischen Magnatenhauses ernannt wurde. Zum Studium der Medicin bestimmt, wandte er sich in Wien und Paris der Ophthalmologie zu und war viele Jahre der gesuchteste Augenarzt in ganz Ungarn, wie die von ihm begründete ungarisch-medicinische Zeitschrift lange Zeit für die einzige Trägerin der medicinischen Literatur im Lande galt. Er war einer der ersten Juden, der zum Mitgliede der ungarischen Akademie der Wissenschaft erwählt wurde, war mehrere Jahre Vorstandspräsident der Pester Gemeinde, um deren Organisation er sich bleibende Verdienste erworben hat, und einer der muthigsten Vorkämpfer der Emancipation seiner ungarischen Glaubensgenossen. Mit Takt und Energie leitete er die Versammlung des durch den edlen Eötvös ins Leben gerufenen „Ungarisch-Israelitischen Congresses", und seinen Bemühungen verdankt der „Ungarisch-Israelitische Landes-Stipendium-Verein" sein Entstehen und sein Erblühen. In der neueren Geschichte der Juden in Ungarn nimmt er einen ehrenvollen Platz ein.

Holdheim, Samuel.

(geb. 1806 in Kempen (Pr. Posen), gest. $\frac{22.\text{ Aug.}}{4.\text{ Elul}}$ 1860 in Berlin),

hatte sich schon in der Jugend eine außerordentliche Belesenheit im Talmud und eine Fülle rabbinischer Gelehrsamkeit, und erst im reifern Alter deutsche Bildung und philosophische Kenntnisse angeeignet. Er war ein Mann des Kampfes, ein gewandter Dialektiker und schlagfertig in der Polemik. Er hat verschiedene Phasen der religiösen Richtung durchgemacht: als Rabbiner in Frankfurt a. d. O., huldigte er dem Herkömmlichen, in Mecklenburg-Schwerin der Reform, bestritt dann das bestehende historische Judenthum, wie es sich in Lehre und Leben ausgeprägt hatte, leugnete die Gültigkeit des Ceremonialgesetzes und drang als erster Prediger der Berliner Reformgemeinde darauf, daß das Religiöse vom Politischen im Judenthume getrennt werde. Sein durchdringender Verstand zeigt sich sowol in seinen Predigten als in den seinen Standpunkt darlegenden und vertheidigenden Schriften.

Die Autonomie der Rabbiner und das Princip der jüdischen Ehe (1843); Das Religiöse und Politische im Judenthum (1845);

Predigten über die jüdische Religion (1851—69); Geschichte d. Entstehung u. Entwickelung d. jüdischen Reformgemeinde in Berlin (1857); Ueber die Ehe nach d. Grundsätzen der Rabbaniten (hebr., 1860).

Hönigsmann, Oswald,

(geb. 1824 zu Rzeszow (Galizien), gest. $\frac{24.\ \text{Sept.}}{19.\ \text{Tischri}}$ 1880 zu Wien),

einer der ersten Juden, der sich der polnischen Nation ganz angeschlossen, der, ein Meister der Rede, in polnischer Sprache mit Erfolg das Wort führen konnte. Mitglied des galizischen Landtages und des österreichischen Reichsrathes, bewährte er sich als unerschrockener Volksvertreter. Er war ein energischer Kämpfer für die Rechte und die Aufklärung seiner Glaubensgenossen. Was er für sie gewirkt, gekämpft und gelitten, wird den Juden Galiziens unvergeßlich bleiben.

Horn (Einhorn), Eduard (Ignatz),

(geb. $\frac{25.\ \text{Sept.}}{13.\ \text{Tischri}}$ 1825 zu Waag-Neustadtl, gest. $\frac{2.\ \text{November}}{4.\ \text{Cheschwan}}$ 1875 zu Budapest),

ein Mann von wechselvollem Lebensgange. Dem Studium des Talmud obliegend, war er Mitarbeiter an verschiedenen jüdischen Zeitschriften, dann Prediger an der in Pest bestandenen Reformgemeinde und zugleich Redacteur eines Organs für die Reform. Mit der Begeisterung eines jugendlichen Herzens nahm er an dem ungarischen Freiheitskampfe theil, wurde jüdischer Feldprediger und erlangte Hauptmannsrang. Von der österreichischen Regierung verfolgt, flüchtete er nach Leipzig, wo er Biographien ungarischer Freiheitskämpfer und eine „Geschichte der Juden in Ungarn" veröffentlichte, zugleich auch Nationalöconomie studirte. Er begab sich nach Brüssel, nach Amsterdam, nach Paris, wo er als Journalist thätig war und mit einem großen nationalöconomischen Werke den großen Preis der Akademie gewann. Nach Ungarn zurückgekehrt, wurde er Mitglied des ungarischen Abgeordnetenhauses, Redacteur eines deutschen Journals, und sechs Monate vor seinem Tode zum Staatssecretär ernannt. Schon als Jüngling verfocht er die Gleichstellung der Juden und betheiligte sich in Paris an der Gründung der Alliance Israélite Universelle. Der äußersten Reform angehörend, vertrat er als Abgeordneter die Orthodoxie und nahm in der Politik eine Mittelstellung ein. Als Patriot und Förderer der Wissenschaft wird er von der Nachwelt verehrt.

Huebsch, Adolph,

(geb. 18. Sept. / 1. Tischri 1830 zu Nicolau (Ungarn), gest. 10. Octbr. / 21. Tischri 1884 zu New-York),

genial als Lehrer und Prediger, als Gelehrter und Dichter, führte er ein wechselvolles Leben: Lehrer an einer jüdischen Gemeindeschule, Honved-Officier im ungarischen Freiheitskampfe, dann Talmudjünger, mehrere Jahre Rabbiner einer orthodoxen ungarischen Gemeinde, dann wieder Universitätshörer, Prediger in Prag und in New-York. Achtzehn Jahre wirkte er in einer der angesehensten Gemeinden New-Yorks im Sinne des gemäßigten Fortschritts und lehrte an einer unter seiner Mithülfe gegründeten Pflanzstätte für die jüdische Wissenschaft, welche er selbst durch verschiedene Beiträge bereicherte. Mit der Ausarbeitung einer Festpredigt beschäftigt, schied er von hinnen. Verehrt als trefflicher Kanzelredner, geliebt von Allen, die ihn gekannt, errichtete ihm seine Gattin durch eine Sammlung seiner Reden und seiner poetischen Erzeugnisse ein bleibendes Denkmal.

Die fünf Megilloth nebst dem syr. Thargum gen. Peschito mit Commentar (1866); Gems of the Orient (1877); Dr. A. Huebsch, a memorial (1885).

Jacobson, Israel,

(geb. 17. Octbr. / 24. Tischri 1768 zu Halberstadt, gest. 13. Sept. / 5. Tischri 1828 zu Berlin)

ein edler, opferwilliger, thatkräftiger Mann, der seine bedeutenden Mittel und seinen großen Einfluß bei deutschen Fürsten zu Gunsten seiner Glaubensgenossen verwendete, und dessen Verdienst es ist, daß in mehreren deutschen

Staaten der Leibzoll aufgehoben wurde. Reich an jüdischem Wissen, wurde er Präsident des westfälischen Consistoriums in Cassel, wo er, wie später in Berlin, einen den Forderungen der Zeit entsprechenden Gottesdienst mit Predigt und Chorgesang einführte. Er errichtete auf eigene Kosten Schulen, in welchen er, der Finanzrath, selbst Religionsunterricht ertheilte, und stiftete mit einem Kapitale von hunderttausend Thalern in Seesen eine, noch heute segensreich wirkende Erziehungsanstalt, welche seinen Namen trägt und verewigt. Sein Andenken lebt im Herzen des Volkes.

Jacoby, Johann,

(geb. 1. Mai / 2. Ijar 1805 zu Königsberg, gest. 7. März / 22. Adar 1877 daselbst), ein antiker Charakter, unbeugsam und fest, dessen ganze Seelengröße an die Vorbilder der grauen Vorzeit erinnert. Er studirte Medicin, ging nach Polen, um die zum ersten male mit Heftigkeit auftretende Cholera zu studiren, und lebte später als Arzt in Königsberg, ein Muster der Berufsliebe und Pflichttreue. Er begann seine literarisch-politische Thätigkeit mit einer Schrift für die Emancipation seiner Glaubensgenossen, und in seinen berühmt gewordenen „Vier Fragen" forderte er mit logischer Schärfe und hinreißender Beredsamkeit eine Verfassung für das preußische Volk. Ein tiefer Denker, dessen Gedankenschärfe ein zweischneidiges Schwert war, kämpfte er als Mitglied der preußischen Nationalversammlung, des deutschen Parlaments, des preußischen Abgeordnetenhauses und des deutschen Reichstages mit Unerschrockenheit und Festigkeit der Ueberzeugung für die Freiheit und trat mit Muth und Offenheit vor Könige und Fürsten. Wegen seiner freien Rede häufig der Majestätsbeleidigung und des Hochverraths angeklagt und verurtheilt, verfolgte er mit Hingebung und Ausdauer sein Ziel, unerschütterlich in dem Glauben an die Wahrheit und deren endlichen Sieg. Sein Gedächtniß lebt fort in der Erinnerung des deutschen Volkes als das Muster eines unbeugsamen, edlen Mannes.

Ueber das Verhältniß des preußischen Oberregierungsraths Streckfuß zur Emancipation der Juden (1833); Vier Fragen, beantwortet von einem Ostpreußen (1841); G. E. Lessing, der Philosoph (1863).

Jakir Effendi,

(geb. 1813 zu Adrianopel, gest. 11. Febr. / 24. Schebat 1874 zu Jerusalem),

Oberrabbiner (Chacham Baschi) der Juden im türkischen Reiche. Einer alten Rabbinerfamilie entstammend und geistig reich veranlagt, wurde er im Alter von zweiundzwanzig Jahren Oberrabbiner von Adrianopel und zehn Jahre vor seinem Tode zum Chacham Baschi ernannt. Er war ein eifriger Vertreter seiner Glaubensgenossen, für die er sich nie ohne Erfolg verwendete; ihm wird der Ferman verdankt, durch welchen der Sultan alle gegen die Juden erhobenen Blutbeschuldigungen für erfunden und verleumderisch erklärt und die Ankläger mit hoher Strafe belegt. Er war friedfertig, duldsam, wohlthätig und ein Freund der Bildung. In den Schülern, die er in Jerusalem, wo er die letzten Jahre seines Lebens verbrachte, um sich sammelte, und in seinem Wirken lebt sein Name fort.

Jessel, George,

(geb. 1824 zu Putney bei London, gest. 21. März / 12. We-Adar 1883 zu London)

der erste Jude, der in England ein Richteramt bekleidete, Mitglied des englischen Ministeriums, verantwortlicher und constitutioneller Rathgeber der Krone und zuletzt Reichs-Oberarchivar war. Mit einem aus wunderbare grenzenden Gedächtniß begabt, hatte er im Alter von zwanzig Jahren seine akademische Laufbahn beendet und sich in Mathematik, Botanik und Naturphilosophie bedeutende Kenntnisse angeeignet. Er vertiefte sich in das Studium des englischen Rechts und galt für einen der größten Rechtskenner seiner Zeit. Er war von überwältigender Beredsamkeit, mehrere Jahre Mitglied des Parlaments und drei Jahre Vicekanzler der Londoner Universität. Auf allen hohen Stufen, die er im Staate und in der Gesellschaft einnahm, bewahrte er dem Judenthum und seinen Glaubensgenossen treue Anhänglichkeit.

Joël, Manuel,

(geb. 19. Octbr. / 18. Tischri 1826 zu Birnbaum (Pr. Posen), gest. 3. November / 20. Cheschwan 1890 zu Breslau),

als Gelehrter hervorragend durch Fülle des Wissens und Klarheit der Darstellung. Früh in das Studium des Talmud eingeführt, wirkte er nach Beendigung seiner Universitätsstudien neun Jahre als Lehrer am jüdisch-theologischen Seminar in Breslau und wurde dann als Nachfolger Geiger's zum Rabbiner in Breslau gewählt. Er war ein gründlicher Kenner der jüdischen Religionsphilosophie, auf deren Gebiete er mehrere Schriften von bleibendem Werthe verfaßte, und hat das Verdienst, den Einfluß Maimuni's auf die christlichen Scholastiker und den der jüdischen Philosophen des Mittelalters auf Spinoza nachgewiesen zu haben. Er war ein gedankenreicher Prediger, ein gewandter Polemiker und ein muthiger Kämpfer für die Ehre des Judenthums. Sein Name wird in der Geschichte der jüdischen Wissenschaft stets mit Ehren genannt werden.

Levi b. Gerson als Religionsphilosoph (1862); Don Chasdai Crescas' rel. philos. Lehren (1866); Spinoza's theol.-polit. Traktat (1870); Blicke in die Religionsgeschichte (1880, 1883); Festpredigten (1867).

Johlson, Joseph,

geb. 1777 zu Fulda, gest. 13. Juni / 13. Siwan 1851 zu Frankfurt a. M.),

wirkte anregend und fortbildend auf die geistige Entwickelung seiner Glaubensgenossen. Heimisch in der rabbinischen Wissenschaft, eignete er sich durch Geistes- und Willenskraft philosophische und sprachliche Kenntnisse an, sodaß er als Professor der hebräischen Sprache am Lyceum zu Kreuznach und später als Lehrer an dem neu errichteten Philanthropin zu Frankfurt a. M. angestellt wurde. Er war Mitbegründer der dortigen Andachtsstunden und der erste deutsche Prediger in Frankfurt a. M.; er führte einen geordneten Religionsunterricht ein, wozu er ein Lehrbuch schrieb und ein „Israelitisches Gesangbuch" verfaßte. Seine Lehrbücher und seine unvollendete Bibelübersetzung, welche sich durch Genauigkeit und Umsicht auszeichnen, fanden eine Zeit lang weite Verbreitung. Er genoß großes Ansehen, sodaß verschiedene deutsche Regierungen über religiöse Fragen seine Gutachten einholten.

Gesangbuch für Israeliten (1816); Hebr. Sprachlehre für Schulen (1838); Bibl.-Hebr. Wörterbuch (1840); Lehrbuch der mos. Religion (1814, 1829, 1842); Die heil. Schriften der Israeliten, übersetzt u. mit Anmerkungen (1831, 1836).

Jost, Isaak Markus,

(geb. 22. Febr. / 10. Adar 1793 zu Bernburg, gest. 20. Novbr. / 6. Kislew 1860 zu Frankfurt a. M.),

widmete seine unermüdliche Lebensarbeit der Geschichte der Juden und des Judenthums. Als Sohn eines armen, blinden Mannes, kam er, früh verwaist, in die Samsonschule zu Wolfenbüttel. Schon während des Gymnasialbesuches eignete er sich die Kenntniß mehrerer neueren Sprachen an und ergriff nach Beendigung seiner Universitätsstudien den edlen Beruf der Jugendbildung, welchen er von seinem dreiundzwanzigsten Jahre bis zu seinem Tode, in Berlin und Frankfurt a. M., ausübte. Verschiedene male bearbeitete er die Geschichte der Juden und des Judenthums in geschichtlichem Sinne, frei von aller Hypothesensucht, aber allzu objectiv und von seinem einseitigen Standpunkte. Er trat in mehreren Schriften zur Vertheidigung seiner Glaubensbrüder auf und war ein Mitkämpfer für ihre Gleichstellung. Zu den verschiedensten wissenschaftlichen Zeitschriften, deren er selbst eine in deutscher und eine in hebräischer Sprache redigirte, lieferte er Beiträge und war auf vielen Gebieten literarisch thätig. In seinen Werken und in dem von ihm in Frankfurt a. M. gegründeten Mädchenwaisenhause hinterließ er dauernde Denkmäler.

Geschichte der Israeliten (1820—1828); Allg. Geschichte des israelitischen Volkes (1831—32); Neuere Geschichte der Israeliten (1846—47); Geschichte des Judenthums und seiner Secten (1857 bis 1859); Die Mischna mit deutscher Uebersetzung (Berlin 1832); Israelitische Annalen, 3 Jahrgge. (1839—1841); Zion, 2. Jahrgge. (1842—43); Friedrich des Großen sämmtliche Werke (1835—37); Lehrbuch der englischen Sprache (1826, 3. Aufl. 1843).

Isidor, Lazar,

(geb. 18. Juli / 20. Thamus 1813 zu Nixheim (Elsaß), gest. 16. Sept. / 11. Tischri 1888 zu Montmorency),

Großrabbiner von Paris und zweiundzwanzig Jahre Großrabbiner des Central-Consistoriums von Frankreich. Früh auf sich selbst angewiesen, Schüler der Rabbinerschule in Metz, wurde er Rabbiner von Pfalzburg; als solcher gab er den ersten Anstoß zur Abschaffung des Eides more judaico und erlangte die Gunst Adolph Crémieux', seines Vertheidigers, dessen Einfluß er auch seine Wahl in Paris zu verdanken hatte. Wahrhaft religiös und menschenfreundlich, förderte er das Schulwesen und rief in Paris eine Reihe von Wohlthätigkeitsanstalten ins Leben.

Karpeles, Elias,

(geb. 13. Juni / 24. Siwan 1822 zu Austerlitz, gest. 7. Juli / 8. Thamus 1889 zu Wien),

einer der ersten mährischen Rabbiner, der mit talmudischer Gelehrsamkeit allgemeines Wissen verband und echte Religiosität mit moderner Wissenschaft vereinigte. Einer Rabbinerfamilie angehörend, wurde er früh dem theologischen Berufe gewidmet. Er war als Nachfolger seines Vaters Rabbiner in Eiwanowitz und siebenundzwanzig Jahre in Loschitz, siedelte dann nach Wien über, wo er Mitglied des Rabbinats und Prediger in Wieden wurde. Die Predigt für den wichtigsten Theil des modernen Rabbinerthums haltend, veröffentlichte er mehrere Predigtsammlungen, Trauungsreden, Grab-, Confirmations- und Sabbatreden, und zählte zu den fruchtbarsten homiletischen Schriftstellern. Asifath Amarim. Predigtsammlung (1852); Trauungsreden (1870, 1885); Grabreden (1870, 1889); Confirmationsreden (1879); Sabbatreden (1887).

Kley, Eduard Israel,

(geb. 10. Juni / 16. Siwan 1789 zu Bernstadt (Schlesien), gest. 4. Octbr. / 5. Tischri 1867 zu Hamburg),

strebte für aufgeklärte Erziehung und geläuterten Gottesdienst. Während seines Besuches der Berliner Universität

Erzieher des Dichters Michael Beer, folgte er, achtundzwanzig Jahre alt, einem Rufe als Director der israelitischen Freischule in Hamburg und wurde, im Geiste Friedländer's und Jacobson's wirkend, einer der Mitgründer des Hamburger Tempels, dessen erster Prediger er war und für den er ein Gebet= und Gesangbuch verfaßte. Ein treuer Schüler Schleiermacher's, zeichnen sich seine Predigten und Predigt=Skizzen durch Fülle der Gedanken, Klarheit und Reinheit des Ausdrucks aus. Eine von seinen dankbaren Schülern ihm zu Ehren errichtete und seinen Namen tragende Stiftung sichert ihm ein liebevolles Gedächtniß.

Erbauungen oder Gottes Werk und Wort (1813—14); Die deutsche Synagoge (1817—18); Katechismus der mos. Religionslehre (1814); Israel. Gesangbuch (1818, 1821, 1828); Predigten (1819, 1826, 1828, 1844); Predigt=Skizzen (1844, 1856).

Königswarter, Jonas von,

(geb. $\frac{10.\ Aug.}{6.\ Ab}$ 1807 zu Frankfurt a. M., gest. $\frac{23.\ Decbr.}{11.\ Tebeth}$ 1871 zu Wien),

ein Mann von scharfem Geiste und sprühendem Verstande, der wegen seiner Verdienste um den Staat und das öffentliche Wohl in den österreichischen Freiherrnstand erhoben wurde. Er hing dem Glauben seiner Väter mit inniger Ueberzeugungstreue an und befolgte in streng conservativer Weise die Satzungen des Judenthums. Er spendete immer mit vollen Händen; er förderte Kunst und Wissenschaft, bestimmte ein namhaftes Stipendium für jüdische Theologen, rief eine große Armenstiftung für verschämte Arme der Stadt Wien ins Leben und erbaute auf eigene Kosten das Blinden=Institut auf der hohen Warte bei Wien zur Ehre seines Namens und zum Heile für die spätesten Geschlechter.

Königswarter, Wilhelm,

(geb. $\frac{4.\ März}{16.\ Adar}$ 1809 zu Fürth, gest. $\frac{15.\ Mai}{21.\ Ijar}$ 1887 zu Meran),

ein edler Mann, dessen Sinnen und Trachten darauf gerichtet war, die den Armen auferlegte Bürde zu erleichtern, für gute Erziehung und wahrhafte Bildung zu wirken, das

Gute und Schöne unabläſſig zu fördern. Seine idealen Bestrebungen kamen außer seiner Glaubensgenoſſenſchaft in hervorragender Weiſe der Stadt Fürth zu gute, welche ihn zwanzig Jahre vor ſeinem Tode zum Ehrenbürger ernannt hatte und welche er als Univerſalerbin ſeines bedeutenden Vermögens einſetzte. In den Annalen Fürths, wo eine Straße ſeinen Namen trägt, hat er ſich einen ehrenvollen Platz geſichert.

Kohner, Moritz,

(geb. $\frac{\text{4. April}}{\text{27. We-Adar}}$ 1818 zu Neumark (Böhmen), geſt. $\frac{\text{21. März}}{\text{7. Niſſan}}$ 1877 zu Leipzig),

Gründer und erſter Präſident des „Deutſch-Iſraelitiſchen Gemeindebundes", ein eifriger Förderer fortſchrittlicher Entwickelung des Judenthums und mannhafter Vertreter ſeiner Glaubensgenoſſen. Aus der Dorfſchule hervorgegangen, arbeitete er mit unermüdlicher Ausdauer an ſeiner Ausbildung, und lange Zeit ein abhängiger Mann, brachte er es zu der Stellung, welche er als erſter jüdiſcher Stadtrath in Leipzig, als Vorſteher der dortigen jüdiſchen Gemeinde einnahm. Er vereinigte in ſich die edelſten Bürgertugenden mit wahrhafter Begeiſterung für die väterliche Religion. Ausgeſtattet mit regem Geiſte und feſtem Charakter, war all ſeinem Denken, Reden und Wirken der Stempel des Idealismus aufgeprägt, durch den allein er Erſprießliches geleiſtet hat, ſowol für die Stadt, wie für die Gemeinde und ſeine Glaubensgenoſſen, die ſein Andenken ſtets ſegnen werden.

Kompert, Leopold,

(geb. $\frac{\text{15. Mai}}{\text{24. Jiar}}$ 1822 zu Münchengrätz, geſt. $\frac{\text{23. November}}{\text{25. Cheſchwan}}$ 1886 zu Wien),

der tiefempfindende Dichter des Ghetto, deſſen Geſtalten er mit dem Zauber der Poeſie umgab: ſeine „Ghettogeſchichten", in viele Sprachen überſetzt, gehören wie Auerbach's „Dorfgeſchichten" der Weltliteratur an. Zur Verherrlichung des größten deutſchen Dichters trug er durch die Gründung des Schillervereins weſentlich bei und wirkte als Präſident des österreichischen Zweigvereines bis zu seinem Tode. Er war ein begeisterter Kämpe für das Judenthum und nahm als Mitglied des Vorstandes der Wiener Cultusgemeinde an dessen praktischen Bestrebungen eifrigen Antheil. Freund der jüdischen Wissenschaft, war er Mitherausgeber eines Jahrbuchs und Mitbegründer eines jüdischen Journals. Für Lehrer und Lehrfach zeigte er, selbst jahrelang Lehrer und Erzieher, stets warme Sympathien.

Gesammelte Schriften (8 Bände, 1882).

Kornfeld, Aron,

(geb. 1794 zu Golc=Jenikau (Böhmen), gest. $\frac{26.\ October}{3.\ Cheschwan}$ 1881 daselbst),

das Muster eines wahrhaft frommen, gelehrten und toleranten Mannes, der jüdisches Wissen und jüdische Tugenden verbreitete. Als wohlhabender Fabrikant stand er mehrere Jahrzehnte einer in ihrer Zeit bedeutenden talmudischen Hochschule vor, welche er aus eigenen Mitteln erhielt und aus der viele sehr angesehene Rabbiner hervorgingen. Seine Schüler liebten und verehrten ihn wie einen Vater.

Kosch, Raphael Jakob,

(geb. $\frac{5.\ October}{19.\ Tischri}$ 1803 zu Lissa, gest. $\frac{27.\ März}{17.\ We=Adar}$ 1872 zu Berlin),

hervorragend als Mann der Wissenschaft und Kunst, als Staatsmann, als Volks= und Kammerredner. Sohn armer Eltern, widmete er sich in Königsberg, wohin er als kleines Kind mit seinen Eltern kam, von guten Menschen unterstützt, dem Studium der Medicin und lebte dort später als praktischer Arzt seinem Berufe. Er war Mitglied und mehrere Monate erster Vicepräsident der preußischen Nationalversammlung und gehörte der preußischen Kammer bis zu deren Auflösung an, vertrat dann die Stadt Königsberg im preußischen Abgeordnetenhause elf Jahre bis zu seinem Tode. Er war ein wackerer Kämpfer für die Rechte des Volkes und für die geistige Freiheit und führte diesen Kampf, consequent in seinen Grundsätzen, mit Milde und Versöhnlichkeit. Dem Judenthum, dem er als Vorstandsmitglied der Königsberger Gemeinde auch praktische Dienste leistete, gehörte er mit inniger Liebe an und trat jederzeit mit seltenem Freimuthe und warmer Herzenswärme auf, wenn das Recht der Juden verkümmert und die Ehre des Judenthums angegriffen wurde. Er war ein edler Mensch im wahren Sinne des Wortes; eine bedeutende Summe bestimmte er in seinem Testamente für die Erziehung von Waisenkindern in Königsberg, wo sich auch sein Grab befindet. In der Geschichte der politischen Entwickelung seines Vaterlandes und in den Annalen der Juden ist sein Name mit festen Zügen eingezeichnet.

Krochmal, Nachman,

(geb. $\frac{17. \text{ Febr.}}{7. \text{ Adar}}$ 1785 zu Brody, gest. $\frac{31. \text{ Juli}}{1. \text{ Ab}}$ 1840 zu Tarnopol),

wie Moses Mendelssohn von tiefem Gemüth und klarem, durchdringendem Verstande, verbunden mit lebendigem Sinn für das Schöne, war jener das Ideal, nach dem er sich bildete. Heimlich suchte er sich Kenntnisse in der Literatur und Philosophie, in Mathematik und Naturwissenschaften zu erwerben und todte und lebende Sprachen anzueignen. Schon in der Jugend machte er sich mit Maimuni's „Führer der Verirrten" vertraut und wandte später der alten jüdischen Geschichte, besonders der „Augenleuchte" des berühmten Asaria dei Rossi seinen Fleiß zu. Krochmal, der Mendelssohn Galiziens, bekämpfte die Werk- und Scheinheiligkeit, sowie die die wahre Religiosität verdrängenden Vorurtheile. Durch sein Beispiel und sein Wort regte er andere zu tiefen Forschungen an. Vertraut mit den philosophischen Schriften Philo's, Aben Esra's und Maimuni's, wie mit denen Kant's, Fichte's und Hegel's, verfaßte er ein in hebräischer Sprache geschriebenes vorzügliches philosophisches Werk, das, die Arbeit dreißigjähriger Forschung, nach seinem Tode erschien und seinen Namen verewigt.
More Newuche ha-s'man (hebr., 1851).

Kuranda, Ignatz,

(geb. $\frac{8. \text{ Mai}}{14. \text{ Ijar}}$ 1811 zu Prag, gest. $\frac{3. \text{ April}}{8. \text{ Nissan}}$ 1884 zu Wien),

ein unermüdlicher Kämpfer für Freiheit und Recht, ein edler Charakter, der mit dem Reichthum des Geistes wahre

Güte des Herzens verband, ein Muster der Bescheidenheit und Uneigennützigkeit. Sohn eines unbemittelten Antiquars, las er in früher Jugend ohne Wahl und ohne Leitung vieles und vielerlei durcheinander und verfügte, reichbegabt wie er war, bald über ein bedeutendes Wissen. Beständig an seiner eigenen Ausbildung arbeitend, wurde er Journalist, trat als dramatischer Dichter auf, ging dann, erglüht für die Freiheit, ins Ausland, nach Paris, nach Brüssel, wo er Vorlesungen über deutsche Literatur hielt und eine Zeitschrift begründete, welche in vornehmem Stile eine freie Bewegung anbahnte und von politischer Bedeutung wurde. Dem Ideale seiner Jugend blieb er stets treu: als Redacteur, als Mitglied der deutschen Nationalversammlung, des österreichischen Landtags und des österreichischen Reichstags, dem er dreiundzwanzig Jahre ununterbrochen als Führer der deutsch-liberalen Partei angehörte. Er war ein warmer Vertheidiger seiner Glaubensgenossen, welche er als Präsident der Wiener Cultusgemeinde häufig vertrat, ein begeisterter Freund der jüdischen Wissenschaft, besonders der jüdischen Geschichte, deren Forschung er als Vicepräsident der „Israelitischen Allianz" wesentlich förderte. In der Geschichte der österreichischen Publicistik, des österreichischen Parlaments und der ersten jüdischen Gemeinde des Kaiserreichs füllt sein Name für alle Zeiten ein ehrenvolles Blatt aus.

Die Grenzboten (1846 ff.); Die Ostdeutsche Post.

Lämmel, Simon von.

(geb. $\frac{28. \text{Aug.}}{21. \text{Elul}}$ 1766 zu Tuschkau (Böhmen), gest. $\frac{18. \text{April}}{11. \text{Nissan}}$ 1845 zu Wien),

einer der ersten Juden in Böhmen, der in den erblichen Adelstand erhoben wurde als Anerkennung für die Uneigennützigkeit, mit der er dem Staate Dienste geleistet hat. In seinem glühenden Patriotismus war er einer der ersten unter seinen Glaubensgenossen, der freiwillig in den bürgerlichen Militärdienst trat. Von seinem Monarchen und anderen Fürsten hochgeehrt, war er stets bemüht, die drückende Lage seiner Glaubensgenossen zu verbessern und die geistige Erhebung derselben zu befördern. Seinem Einflusse gelang es, einen bedeutenden Nachlaß der böhmischen Judensteuer zu erlangen und die Zusicherung zu erhalten, daß dieselbe bald gänzlich aufhören solle.

Lasker. Eduard,

(geb. 14. Octbr. 17. Tischri 1829 zu Jarocyn (Pr. Posen), gest. 5. Janr. 7. Tebeth 1884 zu New-York),

aus bescheidenen Verhältnissen hervorgegangen, frühzeitig mit der Bibel und dem jüdischen Schriftthum vertraut, ein bedeutender Jurist, hatte er sich durch eigene Kraft emporgearbeitet. Er war ein Mann von strengsittlichem, makellosem Charakter, voll Selbstlosigkeit, von bewundernswerther Uneigennützigkeit, ein Mann von bestechender Liebenswürdigkeit, dessen edles Herz sich über jedes Unrecht empörte, dessen reiches Gemüth mit jedem Leidenden empfand. Ein Kämpfer für Recht und Gerechtigkeit, der im Rechtsstaate das Ideal seines Lebens erblickte, voll patriotischer Begeisterung, hatte er dem öffentlichen Leben Deutschlands sich ganz und gar gewidmet. Sechsmal zum Mitglied des deutschen Reichstages gewählt, war sein Name achtzehn Jahre mit dem öffentlichen Leben Deutschlands innig verknüpft. Er hat an der Herstellung der einheitlichen deutschen Gesetzgebung, der deutschen Rechtseinheit wacker mitgearbeitet; er hat den Kampf gegen das Gründerthum eröffnet und mit kühner Hand der Corruption die Larve abgerissen. Er war ein vorzüglicher Redner, dessen Beredsamkeit die Gemüther bewegte, der mit Muth und schneidender Kritik selbst den höchstgestellten Staatsmännern entgegentrat. Er war ein unerschrockener Vertheidiger seiner Glaubensgenossen, der an allem was sie betraf, theilnahm, mit ihnen fühlte und für sie und ihr Recht eintrat. Deutschland verehrt in ihm den staatsmännischen Gesetzgeber, den Patrioten, dessen ganzes Denken und Thun von der innigsten Vaterlandsliebe durchwärmt war, der einen großen unvergeßlichen Platz in dem schönsten Theile der deutschen Geschichte hat. Seine Leiche wurde auf Wunsch seiner Freunde nach Berlin überführt.

Leeser, Isaak.

(geb. 12. Decbr. / 1. Tebeth 1806 zu Neuenkirchen (Westfalen), gest. 1. Februar / 8. Schebat 1868 zu Philadelphia),

der erste welcher die Predigt in der Landessprache in Amerika eingeführt und sowol durch seine Predigten, als durch die in englischer Sprache von ihm redigirte Monats=schrift die Intelligenz unter den Juden Amerikas gefördert und die Liebe zum Judenthum wieder geweckt hat. Er war der erste, der die Bibel, das Gebetbuch, ein Religionsbuch und andere Schriften ins Englische übersetzte und der, schon als junger Mann, zur Vertheidigung der Juden auf=trat. Durch seine Bemühungen entstand in Philadelphia eine theologische Facultät (Maimonides' College), deren Präsident und Lehrer er war. Er wirkte vierzig Jahre als Rabbiner in verschiedenen Gemeinden Philadelphias und erwarb sich die Anerkennung der Juden Amerikas in hohem Maße.

The Occident and American Jewish Advocate (1843—1868); The claims of the Jews to an Equality of rights (1841); The Twenty-four books of the Holy Scriptures (1854).

Levi, Giuseppe,

(geb. im Mai / Ijar 1814 zu Vercelli, gest. 10. Juli / 25. Thamus 1874 daselbst),

einer der hervorragendsten Schriftsteller unter den Juden Italiens. Sohn begüterter Eltern, genoß er eine sorgfältige Erziehung und wissenschaftliche Ausbildung, sodaß er am Collegio Fua seiner Vaterstadt als Professor Anstellung fand. Er widmete sich ganz der Wissenschaft und den Interessen des Judenthums: zweiundzwanzig Jahre gab er eine italienische Monatsschrift heraus und strebte für die Ehre des Judenthums, das zu vertheidigen er oft Ge=legenheit fand. Er war auch Vorsitzender des ersten jüdisch=italienischen Congresses in Ferrara. Außer einer Samm=lung talmudischer Legenden und Sprüche veröffentlichte er Schriften geschichtlichen und philosophischen Inhalts, welche nebst seinen Legaten für Unterrichts= und Wohlthätigkeits=

anstalten in seiner Vaterstadt seinen Namen in liebevoller Erinnerung erhalten.

Corriere Isr. 1853 ff.); Parabole, leggende e pensieri (1861, auch ins Deutsche übersetzt); Autobiografia di un padre di famiglia (1863).

Levinsohn, Isaak Bär,

(geb. $\frac{\text{2. Sept.}}{\text{30. Ab}}$ 1788 zu Krzemenetz, gest. $\frac{\text{3. Februar}}{\text{10. Schebat}}$ 1860 daselbst),

beseelt von der Liebe zur Wahrheit und von der Treue zum Glauben, wirkte er unermüdlich zum Wohle seiner russischen Glaubensgenossen. Schon im Alter von achtzehn Jahren als Gelehrter verehrt, war er einer der ersten Juden, der die Kenntniß der russischen Sprache sich aneignete, sodaß er der russischen Regierung während des Krieges als Translator wichtige Dienste leistete. Er war eifrig bemüht, seine russischen Glaubensbrüder zur Verbesserung des Schulwesens und zur Betreibung von Handwerk und Ackerbau aufzumuntern und sie zur Toleranz und Bildung zu führen. Er war der Anwalt seines Volkes in der verleumderischen Beschuldigung des Gebrauches von Menschenblut und vertheidigte sie in einem bedeutenden Werke. Die Verdienste dieses Mannes, der im größten Elende lebte, wurden von der russischen Regierung gewürdigt; sein Porträt befindet sich im Besitze einer russischen Großfürstin, der es Graf Tolstoy überreicht hatte. Seine edlen Thaten und seine trefflichen, hebräisch geschriebenen Werke, von denen noch elf ungedruckt sind, bewahren ihm bei der Nachwelt ein ehrendes Gedächtniß.

Te'udah be-Jisrael, über das Studium der Wissenschaften (1828); Beth Jehudah, über die Geschichte des Judenthums und der Juden (1839); Efes Damim, über die Blutanklage (1834, engl. 1841); Beth ha-Ozar (1841).

Levy, Michel,

(geb. $\frac{\text{28. Sept.}}{\text{18. Tischri}}$ 1809 zu Straßburg, gest. $\frac{\text{15. März}}{\text{5. We-Adar}}$ 1872 zu Paris),

einer der bedeutendsten Aerzte Frankreichs. Sohn armer Eltern, wurde er im Alter von siebenundzwanzig Jahren zum Professor in Bal-de-Grâce, zu zweiundvierzig Jahren zum Inspector des Militärsanitätswesens und im Krimkriege zum Director des Medicinaldienstes ernannt. Er schaffte der französischen Armee eine Pflanzschule von Aerzten, schuf eine Schule der Gesundheitspflege zu Straßburg und wurde Präsident der medicinischen Akademie in Frankreich. Schon sein erstes Werk über die Gesundheitspflege erregte die Aufmerksamkeit der gelehrten Welt und ist von bleibendem Werthe. An den Angelegenheiten des Judenthums nahm er als Mitglied des Pariser Consistoriums lebhaften Antheil und war für dasselbe auch als Schriftsteller thätig.

Traité d'hygiène (1842).

Levy, Moritz A.,

(geb. $\frac{11. \text{März}}{23. \text{Adar}}$ 1817 zu Altona, gest. $\frac{22. \text{Febr.}}{13. \text{Adar}}$ 1872 zu Breslau),

erwarb sich Namen und Ruf als Alterthumsforscher. Von früher Jugend auf sich selbst angewiesen, besuchte er das Gymnasium zu Braunschweig und die Universität zu Berlin, wo er besonders philosophischen und orientalischen Studien oblag. Der freisinnigen Richtung angehörend, wurde er Religionslehrer in Breslau und entfaltete eine reiche literarische Thätigkeit auf dem Gebiete der Numismatik, der phönicischen und jüdischen Literatur. Als Anerkennung seiner wissenschaftlichen Leistungen wurde ihm der Titel Professor verliehen.

Geschichte der jüdischen Münzen (1862); Phönicische Studien (1856—1870); Don Joseph Nasi, Herzog von Naxos (1859); Siegel und Gemmen mit aram., phönic., althebr. Inschriften (1869).

Lilienthal, Max,

(geb. 1815 zu München, gest. $\frac{5. \text{April}}{16. \text{Nissan}}$ 1882 zu Cincinnati),

wirkte für die Cultur seiner russischen Glaubensgenossen, gleichwie in Amerika für die Wissenschaft des Judenthums. Nach Beendigung seiner Studien als Prediger und Religionslehrer nach Riga berufen, bereiste er im Auftrage des russischen Unterrichtsministers die von Juden bewohnten Provinzen und entwickelte in seinem Bestreben, jüdische Schulen ins Leben zu rufen, eine anerkennenswerthe Regsamkeit, verließ aber infolge der harten Bedrückung, unter der seine russischen Glaubensgenossen seufzten, Riga und nahm ein Rabbinat in New-York an, von wo er zehn Jahre später nach Cincinnati berufen wurde. Er war einer der besten Kanzelredner und der thätigsten Rabbiner Amerikas. Er gründete den amerikanischen Rabbiner-Verband, dessen Präsident er bis zu seinem Tode blieb, wirkte als Professor an dem „Hebrew Union College" und als Mitglied des Directoriums der Universität in Cincinnati. Er erwarb sich hohe Verdienste um das städtische Schul- und Armenwesen und um die jüdische Wissenschaft durch die Herausgabe einer „Jüdischen Revue".

Löw, Leopold,

(geb. 22. Mai / 28. Ijar 1811 zu Czernahora (Mähren), gest. 13. Octbr. / 14. Tischri 1875 zu Szegedin),

einer der gelehrtesten und bedeutendsten Rabbiner Ungarns. Mit ausgebreitetem talmudischen und philosophischen Wissen ausgerüstet, wirkte er, der freisinnigen Richtung huldigend, als Rabbiner in Gr.-Kanizsa, in Pápa, wo er viele Kämpfe zu bestehen hatte, und ein viertel Jahrhundert in Szegedin. Obgleich Adoptivkind in Ungarn, hat er, ein eifriger Patriot, ein muthiger Kämpfer, für die Freiheit Ungarns mit gleicher Hingebung gestritten und gelitten, wie für die Gleichstellung seiner Glaubensgenossen, für ihre Cultur und Aufklärung. In seiner Jugend selbst Lehrer, suchte er das Schulwesen in Ungarn zu heben und zu verbessern. Ein gewandter Kanzelredner, war er auch der erste, der Predigten in ungarischer Sprache hielt und veröffentlichte. Er entfaltete in selbstständigen Werken und in der, neun Jahre von ihm herausgegebenen Zeitschrift eine große literarische Thätigkeit auf dem Gebiete der jüdischen Theologie und Literatur, der Geschichte und Alterthumskunde.

Ha-Maphteach. Praktische Einleitung in die heilige Schrift und Geschichte der Schriftauslegung (1855); Ben Chananja Monatsschrift für jüdische Theologie (1859—67); Die jüdischen Wirren in Ungarn (1868); Der jüdische Congreß in Ungarn (1871); Beiträge zur jüdischen Alterthumskunde (1870, 71, 75); Gesammelte Schriften (1890 ff.).

Löwe, Ludwig,

(geb. $\frac{24.\text{ Juni}}{10.\text{ Thamus}}$ 1809 zu Bülz, gest. $\frac{5.\text{ Novbr.}}{1.\text{ Kislew}}$ 1888 zu Brighton),

reichveranlagt, widmete er sich in Lissa, Nikolsburg und Preßburg dem Studium des Talmud und in Wien dem der Philosophie und eignete sich auf seinen wissenschaftlichen Reisen im Orient die Kenntniß vieler, besonders orientalischer Sprachen an. Er wurde Reisegefährte und Secretär Moses Montefiore's, mit dessen strenger Orthodoxie er übereinstimmte, und später Director des von jenem gestifteten Seminars in Ramsgate. Durch die englische Uebersetzung einiger hebräischer Schriften und durch mehrere numismatische und archäologische Abhandlungen hat er sich einen Namen verschafft.

Löwe, Ludwig,

(geb. $\frac{27.\text{ November}}{29.\text{ Cheschwan}}$ 1837 zu Heiligenstadt, gest. $\frac{11.\text{ Septbr.}}{11.\text{ Elul}}$ 1886 zu Berlin),

ein unermüdlicher Kämpfer für die höchsten Güter der Menschheit, für Wahrheit, Freiheit und Recht, ein edler Mensch in voller Bedeutung des Wortes. Sohn eines armen Lehrers, hat er im harten Kampfe mit dem Geschicke eine bedeutende Stellung in der Gesellschaft sich errungen. Als Mitglied des deutschen Reichstages stand er im Dienste der Freiheit treu und erfolgreich. Er hatte einen klaren, scharfen, schnell erfassenden Verstand, gepaart mit einem guten Herzen, aus dem seine Rede hervorquoll und die Hörer mit fortriß. Wo ein großer, edler Gedanke sich regte, stand er in vorderster Reihe. Als Fabriksbesitzer war er, selbst Arbeiter, Freund und Beschützer der Arbeiter; er richtete die Armen auf zu eigener Selbstachtung, und wenn seine eigenen Mittel nicht ausreichten, weckte er den Wohlthätigkeitssinn Anderer. Die Waffen, mit welchen er, der glaubenstreue Jude, seine Gegner besiegte, waren der Adel seines Herzens, die Reinheit seiner Gesinnung, welche ihm für alle Zeiten ein liebevolles Andenken sichern.

Luzzatto, Samuel David,

(geb. 22. Aug. / 1. Elul 1800 zu Triest, gest. 29. Septbr. / 9. Tischri 1865 zu Padua),

Professor am Collegium rabbinicum in Padua, ein edler Mensch, ein Muster der Uneigennützigkeit, der aufopferndste Freund seinen Freunden und Schülern, gegen jeden gefällig und dienstfertig. Unter Sorgen und Entbehrungen stand er beinahe ein halbes Jahrhundert im Dienste der Wissenschaft und war auf sämmtlichen Gebieten der hebräischen und jüdischen Literatur schöpferisch thätig. Er war ein tiefer Kenner des Italienischen, schrieb classisch hebräisch, gewandt französisch und lateinisch. Einer alten Familie von Gelehrten und Dichtern angehörend, war er ein hervorragender hebräischer und auch italienischer Dichter, ein Mann von umfassender Gelehrsamkeit: ein gründlicher Sprachforscher und Grammatiker, Uebersetzer und Erklärer der heiligen Schrift; seine Commentare zum Pentateuch, zu Jesaias und anderen biblischen Büchern sind von unvergänglichem Werthe. Er hob die mehrere Jahrhunderte verborgenen Schätze der spanisch-jüdischen Dichter und trug durch den „Divan" Jehuda ha-Lewi's und andere Schriften zur vollen Würdigung derselben wesentlich bei. Streng religiös, war er ein Feind der Bibelkritik und grollte selbst Maimonides. Immer anregend, bildet sein in hebräischer, italienischer und französischer Sprache geführter gelehrter Briefwechsel, durch die außerordentliche Pietät seiner Söhne der Oeffentlichkeit übergeben, eine reiche Fundgrube für die jüdische Wissenschaft, in der sein Name noch in späteren Zeiten mit Hochachtung und Verehrung genannt werden wird.

Hebr. Gedichtsammlung (1825); Kritische Untersuchung über d. Onkelos-Targum (1830); Prolegomeni ad una grammatica ragionata della lingua ebraica (1836); Grammatica della lingua ebraica (1853—69); Grammatica del caldeo-biblico (1865); Liedersammlung aus d. Divan des Jehuda ha-Lewi (1840); Das Buch Hiob mit ital. Uebersetzung (1844); Ha-Mischtaddel, Scholien zum Pentateuch (hebr., 1850); Der Pentateuch, ital. übersetzt und erklärt (1870—76); Jesaias, ital. übersetzt und erklärt (1855—67); Briefwechsel (hebr. 1882, 1885, 1889 f., ital. 1890), u. a. m.

Mannheimer, Isaak Noa,

(geb. 17. October / 11. Cheschwan 1793 zu Kopenhagen, gest. 18. März / 20. Adar 1865 zu Wien),

Priester in der edelsten Bedeutung des Wortes, der „in Schulen und Gotteshäusern, unter Volksvertretern und Gesetzgebern, für Wahrheit und Freiheit, für Gerechtigkeit und Menschenliebe, als Bürger und als Patriot, durch Rede und Schrift, durch Lehre und Beispiel, mit starkem Geiste, mit regem Herzen, mit scharfer Einsicht und muthvoller Festigkeit kämpfte und wirkte." Prediger in Kopenhagen, in Berlin und vierzig Jahre in Wien, war er einer der bedeutendsten Kanzelredner seiner Zeit, dessen Predigtsammlungen zu den besten Leistungen auf dem Gebiete der Homiletik gehören; er verschönerte die Liturgie, regelte den Gottesdienst, versöhnte das Alte mit dem Neuen. Von der Stadt Brody zum Mitgliede des österreichischen Reichstages gewählt, erhob er muthig seine Stimme für die Aufhebung der Judensteuer und für die Abschaffung der Todesstrafe. Bei seinen herrlichen Geistesgaben und vielfachen Vorzügen war er stets anspruchslos und bescheiden und strebte unermüdlich für das Wohl seiner Gemeinde und für die Ehre des Judenthums.

Gottesdienstliche Vorträge (1835, 1876).

Marcus, Lewis Jakob,

(geb. 15. October / 5. Cheschwan 1809 zu Rheda, gest. 7. October / 14. Tischri 1881 zu Manchester)

der Riesser Mecklenburg's, wirkte als Rechtsanwalt in Schwerin. Er war der erste jüdische Abgeordnete im mecklenburgischen Landtage, dessen Vicepräsident er später wurde. Er war Ehrenbürger der Stadt Schwerin, in deren Collegium er siebzehn Jahre das Amt eines stellvertretenden Vorsitzenden bekleidete. Als Vorkämpfer für die Gleichberechtigung der Juden, als Förderer ihrer socialen und religiösen Hebung, als Mitglied des jüdischen Oberraths erwarb er sich mannichfache Verdienste um seine Glaubensgenossen. Sein biederer Charakter, seine Uneigennützigkeit und Menschenfreundlichkeit erwarben ihm Liebe und Hochachtung über die Grenzen seines Vaterlandes.

Mayer, Samuel,

(geb. 3. Januar / 23. Tebeth 1807 zu Hechingen, gest. 1. August / 29. Thamus 1875 daselbst),

Prediger und Dichter, Novellist und Jurist. Er wirkte in seiner Heimathsgemeinde fünfundvierzig Jahre als Rabbiner und zugleich fünfundzwanzig Jahre als praktischer Rechtsanwalt. Auf dem Boden des positiven Judenthums stehend, erblickte er das einzige Regenerationsmittel desselben in der Wissenschaft. Zwölf Jahre arbeitete er an seinem dreibändigen Werke „Die Rechte der Israeliten, Athener und Römer", in dem er große Belesenheit in den verschiedenen Literaturen bekundet und nachweist, wie die oft verkannten Talmudisten auf Grund des mosaischen Gesetzes ein Rechtssystem mit bewundernswürdiger Schärfe und Consequenz aufstellten. Seine Gemeinde, welche er geistig und social zu heben bestrebt war, und welche ihm die Gründung eines ansehnlichen Schulfonds verdankt, bewahrt ihm ein ehrenvolles Andenken.

Die Rechte der Israeliten, Athener und Römer (1862—1876).

Meisel, Wolf Alois,

(geb. 16. Juli / 8. Thamus 1815 zu K.=Jannowitz, gest. 30. Novbr. / 3. Kislew 1867 zu Budapest),

ein gewandter Prediger, voll inniger Gemüthstiefe und warmer Begeisterung; seine „Homilien" gehören nach Inhalt und Sprache zu den besten Erzeugnissen auf diesem Gebiete. Neben der treuen Erfüllung seiner Berufspflichten wirkte er durch Wort und Schrift für die Gleichstellung seiner Glaubensgenossen und rief er als Rabbiner in Stettin, wie später in Budapest, mehrere humanitäre Anstalten ins Leben. Poetisch begabt, übertrug er einige mittelalterliche Dichtungen aus dem Hebräischen ins Deutsche. Tragisch wie sein Leben war auch sein Tod: er verschied nach einer Predigt, stammelnd mit bebenden Lippen das Wort „heilig".

Homilien (1855); Prinz und Derwisch 1847, 1860); Der Prüfstein (1878).

Meyer, Jonas D.,

(geb. 15. Sept. / 5. Tischri 1780 zu Arnheim, gest. 6. Decbr. / 4. Kislew 1834 zu Amsterdam),
einer der bedeutendsten niederländischen Rechtsgelehrten, der erste Jude, der in Holland, und wol in der ganzen Welt, als praktischer Advocat zuerst auftrat. Schon im Alter von sechzehn Jahren that er sich, glänzend veranlagt, durch eine lateinische Schrift hervor, und ein Jahr später ließ er sich als Advocat in Amsterdam nieder. Er hatte eine glänzende Laufbahn: er wurde zum Richter, dann zum Mitgliede des Departementsraths ernannt; mit ganzem Herzen Niederländer, trat er in die provisorische Regierung ein und wurde vom Könige in Anerkennung seiner Verdienste zum Mitgliede der Commission zur Beurtheilung des Grundgesetzes der vereinigten Provinzen ernannt. Als Präsident des israelitischen Consistoriums nahm er sich der Sache seiner Glaubensgenossen mit Eifer an: er suchte das Armen- und Unterrichtswesen zu verbessern, betheiligte sich an der Abfassung der „Grundzüge des jüdischen Glaubens" und bewährte sich bei jeder Gelegenheit als treuer Sohn des Judenthums.

Meyerbeer, Giacomo,

(geb. 23. Sept. / 24. Elul 1791 zu Berlin, gest. 2. Mai / 26. Nissan 1864 zu Paris),
einer der berühmtesten Tonkünstler, der als Jude die größten Triumphe gefeiert und dessen Leistungen die höchste Stufe der Anerkennung erstiegen haben. Dem Judenthum hing er stets treu an. Zur Verherrlichung des jüdischen Gottesdienstes hat er allerdings nichts gethan; aber seine erste Composition war religiösen Charakters, der Text zu seiner ersten Oper war der Bibel entnommen und in mehreren seiner Schöpfungen sind die Eindrücke vernehmbar, welche die Sangweise der Synagoge in der Jugend auf ihn gemacht hat. Seine Leiche wurde nach Berlin überführt und ruht auf dem dortigen jüdischen Friedhofe. Seine unvergleichlichen Werke sichern ihm ein ewiges Andenken. In Paris und Berlin wurden Straßen nach seinem Namen genannt.

Montefiore, Sir Moses,

(geb. 24. October / 9. Cheschwan 1784 zu Livorno, gest. 28. Juli / 16. Ab 1885 zu London),

der unvergleichliche, hochverehrte Philanthrop. Ein glaubenstreuer, begeisterter Bekenner des Judenthums, mit Glücksgütern gesegnet, einer weitverzweigten angesehenen Familie angehörend, und von einer edlen, an Geist und Bildung ihn überragenden Gattin unterstützt, übte er in hochherziger Weise das Gebot der Menschenliebe. Während seines ganzen Lebens, eines Lebens von über hundert Jahren, wirkte er mit Hingebung und Aufopferung für das Wohl seiner Glaubensgenossen; er gab das erste glänzende Beispiel, sein hohes Ansehen, seinen weitreichenden Einfluß und sein großes Vermögen für seine verfolgten, bedrängten und unterdrückten Glaubensbrüder einzusetzen. Um ihnen Rettung, Hülfe und Beistand zu bringen, unternahm er Reisen nach Palästina, Damaskus, Egypten, Rußland, Rumänien, Rom und Marocco, trat er muthig und mannhaft als ihr Anwalt und Fürsprecher vor Kaiser und Könige, vor weltliche und kirchliche Fürsten. In seiner Frömmigkeit und seiner unbegrenzten Liebe zu Palästina, das er sieben mal besuchte, begründete er dort Schulen und Krankenhäuser und war der größte Wohlthäter der Armen des heiligen Landes. Seine Thaten sichern ihm einen Ehrenplatz in der Ruhmeshalle der jüdischen Geschichte.

Morgenstern,

(geb. 7. März / 15. Adar 1814 zu Büchenbach (Baiern), gest. 2. November / 20. Cheschwan 1882 zu Fürth),

der erste Jude, der in Baiern zum Landtagsabgeordneten gewählt wurde und zwar in einem Wahlkreise, in dem kein einziger Jude wohnte. Er war ein hervorragender Vertreter der liberalen Richtung, getragen von Charakterfestigkeit und opferbereiter Ueberzeugungstreue. Dem Eintreten für jedes gekränkte Recht und für die ungeschmälerte Freiheit aller Staatsbürger hatte er schwere Opfer zu bringen: er mußte dem Anwaltsstand entsagen und wurde Fabrikant; aber sein ganzes Leben widmete er der gesetzlichen Freiheit und ihrer Vertheidigung in Wort und That. Die Rechte seiner Glaubensgenossen verfocht er mit Kraft und Wärme und mit solch glänzendem Erfolge, daß die Vorlage der Regierung, den Juden das Wahlrecht zu nehmen, mit großer Majorität verworfen wurde. In den Herzen aller Freigesinnten und seiner Glaubensgenossen lebt er fort in dankbarer Erinnerung.

Morpurgo, Emil,

geb. $\frac{\text{30. October}}{\text{19. Cheschwan}}$ 1836 zu Padua, gest. $\frac{\text{15. Febr.}}{\text{30. Schebat}}$ 1885 daselbst),

hervorragend als Gelehrter und als Staatsmann. Mehrere male zum Deputirten ins Parlament gewählt und zum Generalsecretär des Ministeriums des Ackerbaus und der Industrie ernannt, widmete er sich später ganz der von ihm gepflegten Wissenschaft der Statistik an der Paduaner Universität, deren Rectorat er zweimal bekleidete. Seine literarischen Arbeiten über Statistik und Geschichte sind von bedeutendem Werthe und sichern ihm ein ehrenvolles Andenken.

Mosenthal, Salomon Hermann,

geb. $\frac{\text{14. Januar}}{\text{11. Schebat}}$ 1821 zu Kassel, gest. $\frac{\text{16. Febr.}}{\text{3. Adar}}$ 1877 zu Wien),

Dramatiker und Lyriker, kam er nach vollendetem Gymnasialbesuche als Erzieher nach Wien und trat im Alter von fünfundzwanzig Jahren mit seinem ersten dramatischen Versuche hervor. In der Absicht, ein Plaidoyer für die Emancipation seiner Glaubensgenossen zu liefern, dichtete er drei Jahre später „Deborah", ein Drama, das, in fünfzehn Sprachen übersetzt, von internationaler Bedeutung wurde und nebst dem „Sonnwendhof" seinen Namen populär machte. Er war der erste Jude, der in Oesterreich und zwar im Unterrichtsministerium eine Staatsanstellung erlangte, zum Regierungsrath ernannt und in den Adel erhoben wurde. Seine zahlreichen Orden sollten seiner Bestimmung gemäß in der Synagoge zu Kassel neben den Ehrenzeichen der Freiwilligen aufgehängt werden, was nach dem jüdischen Religionsgesetze abgelehnt werden mußte.

Munk, Eduard,

(geb. 20. Janr. / 26. Tebeth 1803 zu Gr.-Glogau, gest. 4. Mai / 13. Ijar 1871 daselbst),

ausgezeichneter Philolog, ein Lieblingsschüler August Böckh's, wirkte er zwanzig Jahre als Lehrer und Inspector an der königlichen Wilhelmsschule zu Breslau. Als Jude ohne Aussicht auf eine Anstellung lebte er, einer der gründlichsten Kenner des classischen Alterthums, ausschließlich seinen Studien, deren Resultate er in mehreren auch ins Englische, Russische und Spanische übersetzten Werken niederlegte. Er vereinigte in sich umfassende Gelehrsamkeit mit großer Anspruchslosigkeit und sanftem Charakter. Professor Eduard Munk war ein tiefer Kenner und aufrichtiger Verehrer des Judenthums, an dessen Angelegenheiten er sich jederzeit lebhaft betheiligte.

Geschichte der griechischen Literatur; Geschichte der griechischen und römischen Literatur; Metrik der Griechen und Römer; Horazens Satiren und Oden, ins Deutsche übersetzt.

Munk, Salomon,

(geb. 9. Mai / 7. Ijar 1802 zu Gr.-Glogau, gest. 6. Febr. / 1. Adar 1867 zu Paris),

Mitglied der französischen Akademie, Professor am Collége de France, dessen ganzes Leben ein Leben voll Arbeit und sittlicher Hoheit, opfermuthiger Hingebung an die Wissenschaft und seltener Bescheidenheit war. Ein Meister des arabischen Schriftthums, lieferte er auch werthvolle Arbeiten über jüdische Grammatiker und Philosophen des Mittelalters. Er schrieb ein großes Werk über Palästina und dessen Geschichte und gab, obwol des Augenlichtes beraubt, den „Führer der Verirrten", das berühmte Werk Maimuni's, das ihn sein ganzes Leben hindurch beschäftigte, zum ersten male im arabischen Originale mit französischer Uebersetzung und Erklärung heraus. Als tiefer Denker, würdiger Dulder und treuer Anhänger des Judenthums nimmt er unter den hervorragenden Männern der Wissenschaft für alle Zeiten einen Ehrenplatz ein.

Palestine, description géographique, historique et archéologique (1841, deutsch 1871); Mélanges de philosophie juive et arabe (1859); Le guide des égarés (3 Thle. 1856, 61, 63).

Netter, Charles,

(geb. 1826 zu Straßburg, gest. $\frac{\text{2. Octbr.}}{\text{19. Tischri}}$ 1882 zu Jaffa),

widmete sein Leben den Werken höchster Menschenliebe und dem Wohle seiner Glaubensbrüder: Verbesserung des Menschen und das Glück des Menschengeschlechts waren die hohen Ziele, welche er anstrebte. Er war einer der Gründer der „Alliance Israélite Universelle", in deren Interesse er weite Reisen unternahm und welche er bei dem europäischen Congresse in Berlin, sowie bei der Conferenz in Madrid vertrat; Wunder der Energie und Hingebung entwickelte er bei der Organisation der russischen Emigration in Brody. Er war der Schöpfer eines „Heims" in Paris, um unbeschäftigten jüdischen Handwerkern zeitweiliges Obdach zu gewähren, und war der Gründer der Ackerbauschule in Jaffa, für die er vom Sultan einen Ferman und Zutheilung von Ländereien erwirkte, welche er fortwährend verbesserte und gegen Angriffe vertheidigte. Wegen seines Edelmuths und seiner Thatkraft von allen verehrt, wird sein Gedächtniß nie schwinden.

Nierop, Salomon van,

(geb. 1813 zu Amsterdam, gest. $\frac{\text{15. Mai}}{\text{12. Ijar}}$ 1878 daselbst),

einer der hervorragendsten Rechtsgelehrten in den Niederlanden. Durch seine Reden, welche er als mehrjähriges Mitglied der zweiten Kammer, sowie als Vertheidiger hielt, erwarb er sich den Ruf eines bedeutenden Redners. Als Mitglied des Amsterdamer Gemeindevorstandes und des Curatoriums des holländischen Rabbiner-Seminars bewährte er sich als vortrefflicher Vertreter seiner Glaubensgenossen, die ihm ein pietätvolles Andenken bewahren.

Noah, Mordechai,

(geb. $\frac{\text{14. Juli}}{\text{7. Ab}}$ 1785 zu Philadelphia, gest. $\frac{\text{21. März}}{\text{17. We-Adar}}$ 1851 zu New-York),

ein Mann von Geist und edlem Sinn, der den Plan zu einer großartigen Schöpfung entwarf. Ohne eine gelehrte

Erziehung genossen zu haben, trat er als Schriftsteller und öffentlicher Charakter auf. Er wurde zum amerikanischen Consul in Riga und zwei Jahre später in Tunis ernannt und brachte einen Vertrag zu Stande, der das Verhältniß der Vereinigten Staaten zu den afrikanischen Regierungen am Mittelmeere regelte. Nach New-York zurückgelehrt, nahm er seine publicistische Thätigkeit wieder auf und gewann einen so bedeutenden Einfluß, daß die Bürger New-Yorks ihn zum Oberaufseher des Hafens erwählten und, obgleich kein studirter Jurist, zum Richter bei dem Sessionshofe ernannten. Er war Jude im wahren Sinne des Wortes und schwärmte für die Idee der Wiederherstellung eines jüdischen Staates und der Wiedervereinigung der „zehn Stämme", für deren Nachkommen er die Indianer des amerikanischen Festlandes hielt. Er wollte in Groß-Island am Niagara eine jüdische Colonie gründen und eine Stadt bauen, der er den Namen Ararat beilegte. Mordechai Noah, der „Richter Israels", und seine freilich mislungene Schöpfung gehören der Geschichte an.

Beweis daß die amerikanischen Indianer die Abkömmlinge der verlorenen Stämme Israels sind (1838).

Oppenheim, Heinrich Bernhard,

(geb. $\frac{20.\ \text{Juli}}{27.\ \text{Thamus}}$ 1819 zu Frankfurt a. M., gest. $\frac{27.\ \text{März}}{15.\ \text{Nissan}}$ 1880 zu Berlin),

ein bedeutender Gelehrter, begeistert für deutsche Ehre und deutsches Recht. Er war eine Zeit lang Privatdocent der Rechtswissenschaft an der Universität zu Heidelberg, verbrachte elf Jahre als Verbannter im Auslande, wurde dann Redacteur der „Deutschen Jahrbücher" und war vier Jahre Mitglied des deutschen Reichstages. Vor- und Mitkämpfer des Liberalismus, führte er dessen Sache in Wort und Schrift mit warmer Ueberzeugungstreue. Seine letzte Arbeit galt der Vertheidigung seiner Glaubensgenossen. In der deutschen Nation und in der Rechtswissenschaft wird sein Name fortleben.

System des Völkerrechts (1845, 1866).

Oppenheim, Moritz,

(geb. 20. Janr. / 23. Tebeth 1800 zu Hanau, gest. 25. Febr. / 6. Adar 1882 zu Frankfurt a. M.),

ein talentvoller Maler, der seine Schöpfungen dem jüdischen Familienleben entnahm und jüdische Scenen mit Vorliebe zur Darstellung brachte. Durch seine „Bilder aus dem jüdischen Familienleben", „die Rückkehr eines jüdischen Freiwilligen aus dem Freiheitskriege", „Noah, der die Taube entläßt", „Lavater und Lessing bei Moses Mendelssohn", hat er sich in weiteren Kreisen Ehre und Anerkennung verschafft.

Peixotto, Benjamin Franklin,

(geb. 13. November / 11. Cheschwan 1834 zu New-York, gest. 18. Septbr. / 4. Tischri 1890 daselbst,

ein edler Mensch, voll Begeisterung für die Idee der Humanität, sowie für die Interessen der Juden und des Judenthums. Anfangs dem Kaufmannsstande angehörend, betrieb er später das Rechtsstudium und wurde Mitarbeiter verschiedener politischer Journale. Er war mehrere Jahre Präsident des Ordens „Bne Brith", von dessen Einfluß auf die Zukunft der Juden er große Erwartungen hegte, und auf seine Anregung sowie durch seine aufopfernde Mitwirkung wurde das große jüdische Waisenhaus in Cleveland gegründet und erbaut; auch rief er die „Menorah", das Organ des Ordens, ins Leben und blieb dessen Herausgeber bis ans Ende seiner Laufbahn. Als amerikanischer General-Consul in Bukarest war er der eifervollste Vertreter seiner grausam verfolgten rumänischen Glaubensbrüder, für die er häufig in die Schranken trat, und um deren Bildung er sich durch die Gründung der über ganz Rumänien verbreiteten Loge „Zion" bleibende Verdienste erworben hat. In den Herzen der Brüder vom Orden „Bne Brith" und in denen seiner rumänischen Glaubensbrüder lebt er fort in liebevoller Erinnerung.

Perl, Joseph,

(geb. 10. November / 24. Cheschwan 1773 zu Tarnopol, gest. 1. October / 23. Tischri 1839 daselbst),

ein wackerer Kämpfer gegen Chassidismus und Aberglauben, ein unermüdlicher Förderer der Bildung unter seinen galizischen Glaubensgenossen. Unterrichtet und wohlhabend, war er Stifter und Director der ersten deutsch-israelitischen Schule in Galizien, nach deren Muster andere ins Leben gerufen wurden; mit Eifer und Uneigennützigkeit suchte er den Gottesdienst zu verbessern und das Handwerk unter den Juden zu verbreiten. Er setzte seine Zeit und seine Kraft, seinen Lebensfrieden daran, dem Judenthum würdige Bekenner und dem Vaterlande ebenbürtige Bürger zuzuführen. Von Kaisern und Fürsten geehrt, von den Dunkelmännern geschmäht, wird sein Name in der Geschichte der Juden und des Judenthums stets gewürdigt werden.

Megalleh Temirin (hebr., 1819); Ueber die Chassidim und ihre Zaddiks (hebr., 1838).

Philippson, Ludwig,

(geb. $\frac{28.\ \text{Decbr.}}{12.\ \text{Tebeth}}$ 1811 zu Dessau, gest. $\frac{29.\ \text{Decbr.}}{6.\ \text{Tebeth}}$ 1889 zu Bonn),

ein enthusiastischer Verfechter liberaler und humanitärer Ideen, emsiger Wortführer seiner Glaubensgenossen und unermüdlicher Kämpfer für ihre Rechte wie für die Ehre des Judenthums. Sohn eines frühverstorbenen Gelehrten, studirte er Philologie und Philosophie in Berlin und wurde im Alter von zweiundzwanzig Jahren Prediger, später auch Rabbiner in Magdeburg, von wo er sich nach achtundzwanzig Jahren ins Privatleben nach Bonn zurückzog. Durch die von ihm begründete und über zweiundfünfzig Jahre mit Takt und Umsicht redigirte „Allgemeine Zeitung des Judenthums", das erste regelmäßig erscheinende jüdische Journal, schlang er ein Band geistiger Einheit um seine Glaubensgenossen; er verfocht die Emancipation in Preußen und den deutschen Ländern, trat für ihre Rechte und die Verbesserung ihrer Lage allerorten ein, und richtete als Vertreter der deutschen, besonders der preußischen Juden häufig, nicht ohne Erfolg, Petitionen an die Minister, das Haus der Abgeordneten und den deutschen Reichstag. Schöpfer und Leiter einer gemäßigten historischen Reform im Judenthume, schuf er das Institut der deutschen Rabbiner-Versammlungen und Synoden und wirkte für die sittliche und geistige Hebung seiner Glaubensgenossen, für ihre geistige Verjüngung, für die Veredelung des Gottesdienstes und für die Verbesserung des Religionsunterrichtes. Er betrieb die Errichtung einer jüdisch=theologischen Facultät und förderte die Gründung der „Hochschule für die Wissenschaft des Judenthums", rief die israelitische „Bibelanstalt" und das „Institut zur Förderung der israelitischen Literatur" ins Leben, das er im Verein mit mehreren Gelehrten achtzehn Jahre leitete. Er entfaltete sechzig Jahre eine außerordentlich fruchtbare literarische Thätigkeit auf philologischem, philosophischem, theologischem und belletristischem Gebiete. Ein formvollendeter Kanzelredner, schuf er zuerst ein homiletisches „Magazin" und veröffentlichte mehrere Sammlungen von Predigten. Durch seine Uebersetzung und Erläuterung der heiligen Schrift, welche in mehreren Auflagen und verschiedenen Ausgaben erschien, durch seine religionsphilosophischen Werke, durch seine Romane, Novellen und Dramen, welche in mehrere Sprachen übersetzt wurden, durch seine Religionslehre und sein Gebetbuch bot er eine Fülle der Belehrung und Erbauung. Sein Name ist mit der Geschichte der Juden der neueren Zeit und mit der Entwickelung des Judenthums aufs innigste verwachsen.

Ezekiel des jüdischen Trauerspieldichters Auszug aus Egypten (1830); Spinoza (1832); Predigt= u. Schul=Magazin (1834—1836); A. Zeitung d. Judenthums (1837—1889); Das jüdische Volksblatt (1854—1866); Die israel. Bibel (1839—1856); Siloah (1844, 45, 58); Die Entwickelung der relig. Idee im Judenthum, Christenthum u. Islam (1847); Die Religion der Gesellschaft (1848); Reden wider den Unglauben (1856); Die israel. Religionslehre (1861—65, 1878); Israel. Gebetbuch (1864); Der Rath des Heils (1867); Saron. Dichtungen u. Novellen (1843—1870); Sepphoris u. Rom (1866); Jakob Tirado (1867); Weltbewegende Fragen (1868, 69); Ges. Schriften (1891 ff.).

Pinsker, Simcha,

(geb. 17. März 1801 zu Tismenitz, gest. 29. October 1864 zu Odessa),
       3. Nissan   29. Tischri

bedeutend als Gelehrter und Kritiker. Sohn eines gelehrten Mannes, wurde er in früher Jugend in das Studium der Bibel und des Talmud eingeführt; allgemeine wissenschaftliche Bildung und die Kenntniß mehrerer Sprachen eignete er sich später ohne Lehrer durch Fleiß und Beharrlichkeit an. Kurze Zeit mit Mißerfolg Handel treibend, widmete er sich

in Odessa dem Lehrfache und gründete dort eine Mädchen=
schule. Neben der treuen Erfüllung seiner Berufspflichten
gab er sich aus Liebe zur Wissenschaft den ernstesten For=
schungen hin, deren reifste Frucht sein bahnbrechendes Werk
über die Geschichte und Literatur der Karaiten ist.
Lickute Kadmoniot (hebr., 1860); Mebo ha=Nickud (1863).

Pinto, Abraham de,

(geb. $\frac{28.\text{ Mai}}{2.\text{ Siwan}}$ 1808 zu Haag, gest. $\frac{26.\text{ Mai}}{23.\text{ Ijar}}$ 1878 daselbst),

einer der ausgezeichnetsten niederländischen Rechtsgelehrten
und juristischen Schriftsteller seiner Zeit, der sich durch
vierzigjähriges Wirken um die Rechtswissenschaft außerordent=
liche Verdienste erworben hat. Er war ein eifriger Förderer
der Interessen seiner Glaubensgenossen, Gründer und Vor=
sitzender der „Gesellschaft zum Heile der Israeliten" und
Mitglied des israelitisch=portugiesischen Consistoriums. Mit
großer Gelehrsamkeit und berühmtem Namen vereinigte er
seltene Bescheidenheit.

Pleßner, Salomon,

(geb. 1797 zu Breslau, gest. $\frac{28.\text{ Aug.}}{25.\text{ Ab}}$ 1883 zu Posen),

der erste deutsche Prediger im streng orthodoxen Sinne, der
mit seiner wahrhaften Frömmigkeit ein tiefes Gemüth und
eine glühende Begeisterung für die Religion verband. Kanzel=
redner in Breslau, Berlin und Posen, veröffentlichte er eine
große Anzahl von Predigten, Trauungs= und Confirmations=
reden, welche reiches Material aus den Midraschim und
Piutim, dem Sohar und deutschen Dichtern enthalten und
viele Aehnlichkeit mit der alten Derascha haben.
Belehrungen und Erbauungen, in religiösen Vorträgen (1836);
Trauungs= und Confirmationsreden (1839); Festreden (1841);
Die kostbare Perle oder das Gebet, in Vorträgen (1837).

Polak, Jakob Eduard,

(geb. 1818 zu Gr.=Morzie (Böhmen), gest. $\frac{8.\text{ Octbr.}}{5.\text{ Tischri}}$ 1891 zu Wien),

Leibarzt des Schah von Persien, Schriftsteller und Forscher.
Nach Beendigung seiner medicinischen Studien in Wien

und Prag folgte er, dreiunddreißig Jahre alt, einem Rufe als Lehrer an der Militärschule zu Teheran, wo er bald Vorträge in persischer Sprache hielt, medicinische Lehrbücher in persischer und arabischer Sprache schrieb, eine chirurgische Klinik ins Leben rief und nach einiger Zeit zum Leibarzt des Schah ernannt wurde. Nach zwölfjährigem Aufenthalt in Persien nach Europa zurückgekehrt, übte er in Wien seinen ärztlichen Beruf und wurde Lector der persischen Sprache an der Universität. Bei seinen zahlreichen Schülern in Persien lebt er in liebevoller Erinnerung.

Persien, das Land und seine Bewohner (1865).

Poljakow, Samuel,

(geb. 1836 in Arscha (Rußland), gest. $\frac{19.\ April}{8.\ Ijar}$ 1888 in St. Petersburg),

ein hervorragender Wohlthäter seiner russischen Glaubensgenossen. In einer ärmlichen Hütte geboren und erzogen, erwarb er, ein entschiedener Charakter, durch die mit Energie und Verständniß betriebenen Eisenbahnbauten ein bedeutendes Vermögen. Mit der Liebe zu seinem Vaterlande, dem er wesentliche, bereitwillig anerkannte Dienste leistete, verband er Treue zu seinem Stamme: seinem Glauben und seinen Glaubensbrüdern hing er innig an. Entsprechend seinem Grundsatze: „Arbeite und man wird Dich bemerken, mache Dich nützlich und man wird Dich anerkennen", gründete er Gymnasien, Ackerbau- und Handwerksschulen; er stiftete Fonds zur Ertheilung des jüdischen Religionsunterrichts an den höheren Lehranstalten und ermöglichte den Bau eines großen jüdischen Tempels in St. Petersburg. Die von dem Staatsrath Poljakow zu wohlthätigen Zwecken verwendeten Summen belaufen sich auf mehrere Millionen. Die Nachwelt ehrt sein Andenken.

Rabbinowicz, Raphael Nathan,

(geb. 1835 zu Neu-Schagorin (Litauen), gest. $\frac{29.\ Novbr.}{25.\ Kislew}$ 1888 zu Kiew),

begabt mit seltenem Scharfblick, bewundernswürdigem Gedächtniß, den Lebensgenüssen entsagend, dem Streben nach Ehre und Anerkennung abhold, streng religiös, dienstfertig und gefällig gegen jeden, fand er seine einzige Freude in dem Studium, dem er sich mit unermüdlichem Fleiße widmete, und dem die talmudische Wissenschaft ein großangelegtes, für jeden Forscher auf dem Gebiete der rabbinischen Sprach- und Alterthumskunde unentbehrliches, leider unvollendetes Werk verdankt. Fünfzehn Bände dieser Variantensammlung, mehr als die Hälfte des ganzen babylonischen Talmud umfassend, machen seinen Namen unsterblich.

Variae lectiones in Mischnam et in Talmud Babylonicum (1868—1887).

Rapaport, Salomon Löb,

(geb. $\frac{1.\ Juni}{19.\ Siwan}$ 1790 zu Lemberg, gest. $\frac{16.\ Octbr.}{17.\ Tischri}$ 1867 zu Prag), der Begründer der Kritik in der jüdischen Wissenschaft. Reichveranlagt, schon in der Jugend der Dichtkunst huldigend, ausgerüstet mit ausgebreitetem talmudischen und rabbinischen Wissen, hatte er sich unter Entbehrungen durch rastlosen Fleiß mannichfache historische und linguistische Kenntnisse erworben und sich in einer wissenfeindlichen Umgebung zur Sonnenhöhe der Wissenschaft emporgerungen. Mit einem außerordentlichen Gedächtnisse und durchdringenden Scharfblick begabt, lieferte er die Biographien mehrerer hervorragender Gelehrten des Mittelalters, in welchen er ihre Lehrthätigkeit, ihre Werke und ihren Einfluß beleuchtete. Diese in Zeitschriften erschienenen epochemachenden Arbeiten verschafften der jüdischen Wissenschaft Anerkennung und ihrem Verfasser hohe Verehrung, sodaß er als Rabbiner nach Tarnopol und von da als Oberrabbiner nach Prag berufen wurde. Durch seine bahnbrechenden Leistungen auf dem Gebiete der jüdischen Literaturgeschichte, der geschichtlichen Geographie und der Chronologie hat er seinem Namen dauernden Ruhm erworben.

Fünf Biographien berühmter Rabbiner (Bikkure ha-Ittim (1828—31); Erech Millin. Talmud. Realwörterbuch (hebr., 1852).

Rappaport, Moritz.

(geb. $\frac{13.\ Febr.}{15.\ Schebat}$ 1808 zu Lemberg, gest. $\frac{28.\ Mai}{18.\ Siwan}$ 1880 zu Wien), ein trefflicher Arzt und Dichter. Nach Beendigung seiner Studien an der Wiener Universität ließ er sich in seiner

Geburtsstadt als Arzt nieder, wo er fast vierzig Jahre wirkte, auch dem jüdischen Hospitale als Primararzt und Leiter unentgeltlich vorstand. Menschenfreund im edelsten Sinne des Wortes, war er bestrebt, echte Bildung unter seinen Glaubensgenossen zu verbreiten, Schulen und Wohlthätigkeitsanstalten ins Leben zu rufen. Mit Hingebung opferte er der Muse sowol in deutscher, als in hebräischer und polnischer Sprache; sie wählte sich den größten Propheten in Israel, erglühte für die Bedrängten und Unterdrückten, und feierte mit Begeisterung die jüdischen Männer des Geistes. In seinen Dichtungen, in den von ihm gegründeten Anstalten, und in der seinen Namen tragenden, der Wissenschaft des Judenthums gewidmeten Stiftung ist ihm ein dauerndes Denkmal errichtet.

Mose, ein episch-lyrisches Gedicht (1858); Hebr. Gesänge (1860) Bajazzo, ein Gedicht (1863).

Reggio, Isaak Samuel,

(geb. $\frac{19.\ \text{Aug.}}{2.\ \text{Elul}}$ 1784 zu Görz (Illyrien), gest. $\frac{29.\ \text{Aug.}}{15.\ \text{Elul}}$ 1855 daselbst),

vereinigte in sich Biederkeit des Charakters mit unerschrockener Wahrheitsliebe, allgemeine wissenschaftliche Bildung mit aufopfernder Hingebung an das Judenthum. Er wirkte mehrere Jahre als Professor der Geschichte und Geographie am Lyceum seiner Vaterstadt und verwaltete nach dem Tode seines Vaters das dortige Rabbinat unentgeltlich. Er gab die erste Anregung zur Errichtung eines Instituts zur Heranbildung von Rabbinern, suchte die Verträglichkeit der freien Forschung mit strenger Festhaltung am väterlichen Glauben nachzuweisen und vertheidigte das Judenthum gegen verschiedene Angriffe. In seinen exegetischen, philosophischen und literar-historischen Arbeiten, welche in italienischer und hebräischer Sprache theils selbstständig, theils in jüdischen Zeitschriften erschienen, lebt sein Geist fort.

Der Pentateuch mit ital. Uebersetzung u. hebr. Commentar (1821); Die Religion u. die Philosophie (hebr., 1827); Il libro d'Isaia. Versione poetica (1831); Briefe J. S. Reggio's (1834, 1836); Kalender nebst Jahrbuch (1853, 1854).

Riesser, Gabriel,

(geb. 2. April / 14. Nissan 1806 zu Hamburg, gest. 22. April / 3. Ijar 1863 daselbst),

ein Mann von klarem Geiste, idealem Streben und mildem Wesen, der für das unveräußerliche Menschenrecht und das edelste Menschenthum mit seinen besten Kräften einstand. Ein vorzüglicher Kenner der Rechtswissenschaft, bewandert in den Sprachen und Literaturen der hauptsächlichsten Culturvölker Europas, war er der hervorragendste Mitarbeiter am deutschen Verfassungswerke, der für die Freiheit, Einheit und Selbstständigkeit Deutschlands unverdrossen kämpfte und sich als Mitglied, als Vicepräsident des deutschen Parlaments durch seine Unabhängigkeit und den Adel seiner Gesinnung allgemeine Anerkennung verschaffte. Er war ein bedeutender Redner, der durch die Glut seiner Beredsamkeit begeisterte und in seinen Schriften durch den Reichthum der Ideen wie durch die edle Form der Darstellung wirkte. Er war ein muthiger und beharrlicher Kämpfer für die Rechte seiner Glaubensgenossen, deren Selbstgefühl und Rechtsbewußtsein er mit seinem epochemachenden Auftreten weckte und welche er dreißig Jahre mit voller Hingebung und glänzendem Erfolge vertrat. Von unerschütterlicher Glaubenstreue, nahm er an den Bewegungen im inneren Fortbau des Judenthums den lebendigsten Antheil. Er war der treueste Freund, der freigebigste Wohlthäter, Hunderten ein Helfer in der Noth. In seinen „Gesammelten Schriften" errichtete die dankbare Mitwelt dem trefflichen Manne ein Denkmal.

Gesammelte Schriften (4 Bände, 1867).

Rosenfeld, Samson Wolf,

(geb. 4. Janr. / 26. Tebeth 1780 zu Markt-Uehlfeld, gest. 12. Mai / 12. Ijar 1862 zu Bamberg),

der erste Rabbiner Baierns, welcher, ein Schüler der talmudischen Hochschule in Fürth, außer talmudischem Wissen sich auch sprachliche und philosophische Kenntnisse erwarb, der erste welcher Verbesserungen im Cultus einführte und in Baiern deutsche Predigten hielt, der erste welcher zur Abwehr unberechtigter Angriffe gegen Juden und Judenthum in der deutschen Presse auftrat und an die erste Ständeversammlung in Baiern im Interesse seiner Glaubensgenossen eine Denkschrift richtete, welche ihm den Dank und die Anerkennung aller Bessergesinnten sicherte, aber auch die Verfolgung seiner fanatischen Glaubensbrüder zuzog. Rosenfeld, Rabbiner in Uehlfeld und sechsunddreißig Jahre in Bamberg, war auch der erste Rabbiner, welcher, freilich nur kurze Zeit, ein jüdisches Wochenblatt, „das Füllhorn", herausgab; er bearbeitete nach Zschokke „die Stunden der Andacht" für Juden.

Das Füllhorn (1835—36); Stunden der Andacht für die Israeliten (1858).

Rubo, Julius,

(geb. 9. Juni / 11. Siwan 1794 zu Halberstadt, gest. 13. März / 26. Adar 1866 zu Berlin), der erste jüdische Rechtslehrer an der Universität Halle. Der erste jüdische Gymnasiast in Halberstadt, widmete er sich dem Studium des Rechts in Göttingen und Berlin und habilitirte sich im Alter von sechsundzwanzig Jahren in Halle, wo er mit Gesenius, dem berühmten Orientalisten, und anderen Professoren freundschaftlich verkehrte. Nach zwei Jahren mußte er jedoch die akademische Laufbahn verlassen, weil er Jude war und Jude bleiben wollte. Anträgen von ausländischen Universitäten keine Folge gebend, nahm er die Stelle eines Rechtsconsulenten bei der jüdischen Gemeinde in Berlin an. Seinen Aufschlüssen in jüdischen Angelegenheiten lauschten die höchsten preußischen Staatsbeamten und das Ergebniß seiner Vorschläge war ein freisinniges Judengesetz. Als Mann der Offenheit und Entschiedenheit, Feind jeder Heuchelei und Kriecherei, wurde er hochgeachtet von allen Freunden der Freiheit.

Die Rechtsverhältnisse der jüdischen Gemeinden (1844).

Saalschütz, Joseph Levin,

(geb. 15. März / 1. Nissan 1801 zu Königsberg i. Pr., gest. 23. Aug. / 8. Elul 1863 zu Neufuhren a. d. Ostsee), der erste jüdische Professor an der Königsberger Universität, an der er auch seine Studien absolvirt hatte. Seinem Berufe als Religionslehrer, erst in Wien, dann in Verbindung mit dem Predigeramte in der jüdischen Gemeinde seiner Geburtsstadt, lag er trotz mannichfacher Kämpfe mit Treue und Gewissenhaftigkeit bis an sein Lebensende ob. Seine gründlichen Forschungen auf dem Gebiete der „hebräischen Archäologie" und des „mosaischen Rechts", sowie seine theologischen Arbeiten fanden stets die wohlverdiente Anerkennung. Der Grundzug seines Wesens war begeisterungsvolle Liebe zur Wahrheit, freundliches Wohlwollen und innige Herzlichkeit, wodurch er sich in den Herzen und Gemüthern seiner Schüler und Hörer ein liebevolles Andenken errichtet hat.

Geschichte und Würdigung der Musik bei den Hebräern (1830); Das mosaische Recht (1846—48); Archäologie der Hebräer (1855—56).

Sachs, Michael,

(geb. $\frac{\text{3. Septbr.}}{\text{11. Elul}}$ 1808 zu Gr.-Glogau, gest. $\frac{\text{31. Janr.}}{\text{24. Schebat}}$ 1864 zu Berlin), eine reichveranlagte, ideale Persönlichkeit von tiefem Gemüthe und lauterem Charakter. Mit jüdischem und classischem Wissen ausgerüstet, wurde er nach Beendigung seiner Studien als Prediger nach Prag und acht Jahre später nach Berlin berufen. Durch seine hinreißende Beredsamkeit, verbunden mit der Anmuth des Vortrages und der Eleganz der Erscheinung, wurde er einer der bedeutendsten Kanzelredner seiner Zeit. Er lieferte geschmackvolle Uebersetzungen der Psalmen und anderer Bücher der heiligen Schrift und versenkte sich in die spanisch-jüdische Literatur; er ließ hervorragende Dichter des Mittelalters neu erstehen, übertrug die synagogalen Poesien (Machsor), die er freilich aus der Liturgie verbannte, ins Deutsche und versuchte sich in eigenen poetischen Erzeugnissen. Vielseitiger Sprachkenner und gründlicher Sprachforscher, beschäftigte er sich mit Sprach- und Alterthumsforschung und gab geistreiche Erklärungen von Fremdwörtern in Talmud und Midrasch. Er hat einen weitverbreiteten Ruhm bei seinen Zeitgenossen und einen unsterblichen Namen bei der Nachwelt sich gesichert.

Die Psalmen, übersetzt und erläutert (1835); Die religiöse Poesie der Juden in Spanien (1845); Beiträge zur Sprach- und Alterthumsforschung (1852, 1854); Stimmen vom Jordan und Euphrat (1853); Festgebete der Israeliten (1856—57).

Salomon, Gotthold.

(geb. 1. November / 17. Cheschwan 1784 zu Sandersleben, gest. 17. November / 24. Cheschwan 1862 zu Hamburg),

der Vater der neuern jüdischen Homiletik. Ohne Gymnasial- und Universitätsstudien eignete er sich mannichfaches rabbinisches und philosophisches Wissen an und wirkte sechzehn Jahre als Lehrer und Prediger zu Dessau und achtunddreißig Jahre als Prediger am neuen israelitischen Tempel zu Hamburg. Er war der erste bedeutende und der fruchtbarste jüdische Prediger und hat die jüdische Predigt nicht allein losgelöst von der Nachahmung der protestantischen und vom jüdischen Geiste durchdrungen, sondern sie auch zur vollendeten Meisterschaft gebracht; seine Beredsamkeit war epochemachend für die innere Entwickelung und äußere Stellung des Judenthums. Er war der erste welcher religiöse Gesänge und Dichtungen in deutscher Sprache verfaßte und der erste welcher eine vollständige deutsche Uebersetzung der Bibel mit deutschen Lettern dem Volke in die Hände gab. Er war ein kühner Streiter für die bürgerliche Gleichstellung der Juden, für den veredelten Gottesdienst und die religiöse Entwickelung und ein geschickter Verfechter des Judenthums gegen Angriffe und Schmähungen. Er war ein vorzüglicher Polemiker, wozu ihn lebendige Sprache, Humor, Satire und große Gewandtheit besonders befähigten. In der Geschichte der jüdischen Homiletik wird sein Name stets mit Verehrung genannt werden.

Predigten (1819, 20, 21, 25); Sammlung der neuesten Predigten (1826, 27); Mose, der Mann Gottes. Ein Lebensgemälde in 21 Kanzelvorträgen (1835); David. Ein Lebensgemälde in 26 Kanzelvorträgen (1837); Eliah. Ein Lebensgemälde in 19 Kanzelvorträgen (1840); Festpredigten (1855); Deutsche Volks- und Schulbibel für Israeliten (1837).

Salomons, David,

(geb. 1797 zu London, gest. 18. Juli / 23. Thamus 1873 daselbst),

einer der unerschrockensten Kämpfer für die völlige Gleichstellung seiner englischen Glaubensgenossen, der erste Jude, der die Würde eines Lordmayors der City von London bekleidete und der erste der in das englische Parlament gewählt wurde. Voll Eifer als Bürger, voll Wohlwollen und glänzender Freigebigkeit, ein treuer Anhänger seiner Religion, hat er durch Charakterfestigkeit und Ausdauer, mit der er alle Schwierigkeiten besiegte, sich in der Geschichte der Juden Englands einen ruhmvollen Platz erworben.

Salvador, Joseph,

(geb. $\frac{5. \text{ Janr.}}{24. \text{ Tebeth}}$ 1796 zu Montpellier, gest. $\frac{17. \text{ März}}{18. \text{ Adar}}$ 1873 zu Versailles),

ein philosophischer Schriftsteller voll Geist und Talent, der ohne den von ihm gewählten ärztlichen Beruf auszuüben in stiller Zurückgezogenheit einzig und allein der Wissenschaft lebte und sich ein halbes Jahrhundert mit Religionsgeschichte beschäftigte. Er stellte zum ersten male die mosaische Gesetzgebung in ihrem wahren Geiste und von den höchsten Gesichtspunkten dar und eröffnete einen ganz neuen Einblick über ihre welthistorische Bedeutung. Er, der Montesquieu der mosaischen Gesetzgebung, war der erste welcher in Frankreich die Entstehungsgeschichte des Christenthums und den Tod des Stifters desselben behandelte und dadurch mehrere Gegenschriften hervorrief. Er schilderte in eleganter Diction die „Geschichte der Römerherrschaft in Judäa", allerdings ohne die jüdischen Quellen zu benutzen, und entwickelte darin neue Ideen. Seine Werke, welche bei ihrem Erscheinen Aufsehen erregten und von nachhaltiger Wirkung waren, sichern ihm eine hervorragende Stelle in der Geschichte des jüdischen Geisteslebens.

Histoire des institutions de Moïse et du peuple hébreu (1828, deutsch 1836); Jésus-Christ et sa doctrine (1838, deutsch 1841); Histoire de la domination romaine en Judée (1847, deutsch 1847); Paris, Rome, Jérusalem (1860).

Sassoon, David,

(geb. 1792 zu Bagdad, gest. $\frac{5. \text{ November}}{6. \text{ Cheschwan}}$ 1864 zu Poonah, Indien),

gleich ausgezeichnet als Wohlthäter der Menschheit, wie als glühender Patriot und glaubenstreuer Israelit. Sohn des Staatsschatzmeisters der türkischen Regierung in Bagdad, ließ er sich in Bombay nieder, wo er, ein hochgeachteter Kaufmann, das Amt eines Friedensrichters bekleidete und zu den treuesten Anhängern der englischen Regierung zählte; als die Gefahr am drohendsten war, eilte er der bedrängten Regierung zu Hülfe. Seinen Glaubensgenossen war er ein seltener Wohlthäter: er gründete Schulen für Knaben und Mädchen, ließ auf seine Kosten Schulbücher ausarbeiten, erbaute Synagogen, legte in Bombay und Poonah Friedhöfe an und errichtete Spitäler. Der Name David Sassoon's, der zu verschiedenen Acten der Wohlthätigkeit Millionen spendete, wird mit dem seiner Söhne, denen er ein leuchtendes Vorbild war, in ganz Indien verehrt.

Schmelkes, Gottfried,

(geb. 22. Septbr. / 19. Elul 1807 zu Prag, gest. 28. October / 3. Cheschwan 1870 zu Interlaken),

ein trefflicher Arzt, gefeierter Dichter und edler Bürger. Geistig begabt und von gewinnender Persönlichkeit, der Kunst ergeben, studirte er Medicin und trat als Leibarzt in das Haus der Gräfin Trautmannsdorf, welche durch ein episches Gedicht auf ihn gelenkt worden war; eine ihm angetragene Professur wies er, da der Religionswechsel als Bedingung gestellt war, mit Entrüstung ab. Er wurde Badearzt in Teplitz, war fünfunddreißig Jahre Primararzt am dortigen jüdischen Hospitale und Gründer eines Hospitals für kranke Soldaten und Beamte. Vom Regenten zum Sanitätsrath und k. Rath ernannt, erwählte ihn die Stadt Teplitz zum Stadtrath und auch zum stellvertretenden Bürgermeister. Außer mehreren medicinischen Schriften, welche sich auf die Teplitzer Thermen beziehen, veröffentlichte er viele lyrische Gedichte und unter diesen auch solche, welche für Juden und Judenthum streiten und ihm ein ehrenvolles Andenken sichern. Seine irdische Hülle ruht auf dem Friedhofe zu Teplitz.

Teplitz und seine Mineralquellen (1871); Teplitz gegen Lähmungen (1855); Teplitz gegen Neuralgien (1861); Poetischer Nachlaß (1871).

Schreiber (Sofer), Moses,

(geb. 24. Septbr. / 7. Tischri 1762 zu Frankfurt a. M., gest. 3. Octbr. / 25. Tischri 1839 zu Preßburg),

ein Heros talmudischer Gelehrsamkeit, dessen Ruf als rabbinische Autorität sich weithin erstreckte. Schüler des Kabbalisten Nathan Adler, war er selbst von rigoroser Frömmigkeit, voll glühenden Eifers und kein Freund des profanen Wissens. Mehrere Jahre Rabbiner in kleineren Gemeinden, war er über zweiunddreißig Jahre Rabbiner in Preßburg, wo sich stets mehrere hundert Schüler aus den verschiedensten Ländern um ihn scharten. Er wurde der Stifter einer Schule, welche den Culturbestrebungen im allgemeinen eher hemmend als fördernd war. Seine in sechs Bänden gesammelten Rechtsentscheidungen und Gutachten genießen autoritatives Ansehen. Von seinen Schülern, denen er ein liebevoller Versorger und Freund war, darunter über tausend Rabbiner, wird er wie ein Heiliger verehrt.

Chatam Sofer (hebr., 1841—1861).

Schwabacher, Simon Leon,

(geb. 24. April / 29. Nissan 1819 zu Oberdorf, gest. 12. Decbr. / 8. Tebeth 1888 zu Odessa),

ein gewandter, geistreicher Redner von conservativ-fortschrittlicher Tendenz. Er war Rabbiner in Schwerin a. W., Lemberg und siebenundzwanzig Jahre in Odessa, wo er schwere Kämpfe zu bestehen und viele Kränkungen zu erdulden hatte. Segensreich wirkte er auf humanitärem und culturellem Gebiete: auf seine Anregung und durch seine Mithülfe wurde in Odessa ein Waisen- und ein Siechenhaus, eine Volks- und eine Handwerkerschule und ein Spital gegründet. Seine literarische Thätigkeit, welche er mit dem unverständlichen „Kabbalistisch biblischen Occident" als junger Mann in Hamburg begann, beschränkte sich auf mehrere Abhandlungen und Reden, welche sich durch schwungreiche Sprache und scharfen Witz kennzeichnen. Durch nationale Unduldsamkeit wurden ihm die letzten Lebensjahre verbittert; seine Verehrer bewahren ihm ein liebevolles Andenken.

Der kabbal. bibl. Occident (1845); Drei Gespenster (1880); Vater, Sohn und Enkel (1884); Von Heliopolis nach Berlin (1885).

Stein, Leopold,

(geb. 5. November / 13. Cheschwan 1810, gest. 2. December / 21. Kislew 1882 zu Frankfurt a. M.),

ein vortrefflicher Prediger und anmuthiger Dichter. Von seinem frommen Vater zum Rabbiner bestimmt, besuchte er die talmudische Hochschule zu Fürth und die Universität Würzburg. Er war mehrere Jahre Rabbiner in Burgkundstadt und siebzehn Jahre in Frankfurt a. M., wo er, der Reform huldigend, viele Kämpfe zu bestehen hatte. Er entfaltete eine reiche literarische Thätigkeit auf dem Gebiete der Homiletik, schrieb ein gutes Religionsbuch, übersetzte, poetisch begabt, biblische und mittelalterliche Dichtungen ins Deutsche und ist Verfasser einiger Dramen. Elf Jahre gab er eine Monatsschrift für „Synagoge, Schule, Leben und Wissenschaft des Judenthums" heraus.

Stufengesänge (1834); Die Königskrone (1839); Israelitisches Religionsbuch (1858); Koheleth. Gottesdienstl. Vorträge (1846): Die Hasmonäer. Hist. Drama (1859); Aus dem Westen. Predigten (1871); Der israelitische Volkslehrer (1851—1861).

Steinheim, Salomon Ludwig,

(geb. 1789 in Bruchhausen (Westfalen), gest. 19. Mai / 5. Siwan 1866 in Zürich),

Arzt, Dichter und Religionsphilosoph. Er lebte seinem Berufe als Arzt praktisch und literarisch in Altona, wo er erzogen worden, und bethätigte sich an der Seite seines Freundes Gabriel Riesser an dem Kampfe um die bürgerliche Gleichstellung der Juden. Seiner glutvollen Ueberzeugung an den ewigen Wahrheiten des Judenthums und seinem Schmerze über die Zurücksetzung, welche seine Glaubensgenossen erfuhren, verlieh er dichterischen Ausdruck. Ein tiefer sinniger Denker, beschäftigte er sich Jahrzehnte hindurch in einem mehrbändigen Werke mit der „Offenbarung als Lehrbegriff der Synagoge", der er im Leben ganz fern stand. Unzufrieden mit der Zeit und ihren Bestrebungen, verbrachte er, ein Freund der Kunst, die letzten zwanzig Jahre seines Lebens in Rom. Seine irdische Hülle wurde auf einem christlichen Kirchhofe begraben und erst später auf den jüdischen Friedhof in Altona überführt.

Sinai, Obadjah ben Amos, Gesänge aus der Verbannung (1824, 1837); Die Offenbarung nach dem Lehrbegriffe der Synagoge (1835, 1856, 1863); M. Mendelssohn u. seine Schule (1840); M. M. Büdinger, Lebensbeschreibung e. israel. Schulmanns (1844).

Strafchun, Matithiahu S.,

(geb. $\frac{1.\ October}{21.\ Tischri}$ 1817 zu Wilna, gest. $\frac{13.\ Decbr.}{5.\ Tebeth}$ 1885 daselbst).

Edle Abkunft, umfassende allgemeine Bildung, große Belesenheit in der talmudischen und rabbinischen Literatur, Ansehen und Reichthum, strenge Religiosität und Wohlthätigkeit waren in ihm vereinigt. Erzogen im Geiste seines gelehrten Vaters, im Besitze einer an seltenen Handschriften reichen Bibliothek, welche von ihm mit außerordentlichem Fleiße benutzt wurde, gehörte er zu den bedeutendsten jüdischen Gelehrten seiner Zeit. Seine lehrreichen Glossen zum Talmud und andere literarische Leistungen, die Stiftungen, welche er in seinem Testamente errichtet hat, verewigen seinen Namen.

Straßmann, Wolfgang,

(geb. $\frac{8.\ Octbr.}{12.\ Tischri}$ 1821 zu Rawitsch, gest. $\frac{6.\ Decbr.}{28.\ Kislew}$ 1885 zu Berlin), ein Kämpfer für Recht und Freiheit, eine ideal angelegte Natur, reich an Wissen und von durchdringender Denkkraft, voll edler Humanität und stets schaffenden Wohlthätigkeitssinnes. Aus den engsten Verhältnissen hervorgegangen, im täglichen Kampfe um die Existenz, wandte er sein ganzes Streben dem höchsten Ziele der Menschheit zu. Militärarzt in Schleswig-Holstein, dann praktischer Arzt in Berlin, in seinem Berufe auch literarisch thätig, fand er, ein treuer Bekenner des Judenthums, die Aufgabe seines Lebens in dem unermüdlichen Streben und Wirken für humanitäre Zwecke, durch Gründung von Darlehnsvereinen, von Vereinen gegen Verarmung und Bettelei, u. a. m. Neun Jahre Mitglied des preußischen Abgeordnetenhauses, elf Jahre Vorsitzender der Stadtverordneten-Versammlung in Berlin, hat er sich in den Herzen der Bürger, in den Annalen der preußischen Hauptstadt, in den Vereinen, welche er gegründet und zu deren Gelingen er beigetragen, ein Denkmal gestiftet.

Sulzer, Salomon,

(geb. 30. März / 18. Nissan 1804 zu Hohenems, gest. 18. Janr. / 26. Tebeth 1890 zu Wien), der Schöpfer des modernen synagogalen Gesanges. Im Alter von sechzehn Jahren Cantor in seinem Geburtsorte, und über sechzig Jahre in Wien, war er der bedeutendste und gefeierteste Cantor des Jahrhunderts, der durch seine mächtige Stimme und durch seinen Vortrag, voll der tiefsten Innigkeit, entzückte, begeisterte und hinriß. Seine Compositionen, welche sich an die alten Synagogen-Melodien anlehnten, verschafften sich allerorten Eingang und erwarben ihm Ehren und Auszeichnungen von Königen und Fürsten. Er wurde der Sangmeister Zions, und was er im Reiche der Töne geformt und gedichtet hat, das lebt fort zu seinem ewigen Nachruhme.

Szántó, Simon,

(geb. 23. Aug. / 2. Elul 1819 zu Gr. Kanizsa, gest. 17. Janr. / 26. Tebeth 1882 zu Wien), ein muthiger Kämpfer gegen religiöse und politische Vorurtheile, für die Ehre und das Recht seiner Glaubensgenossen. Früh verwaist und zum Rabbiner bestimmt, besuchte er mehrere Talmudschulen und nach beendeten Gymnasialstudien die Prager Universität. Von großer schriftstellerischer Begabung, widmete er sich neben dem Lehrfache der Publicistik und gründete eine "Wochenschrift für politische, religiöse und Cultur-Interessen", in der er den Fortschritt auf religiösem Gebiete vertrat und die er, scharf und schneidig im Ausdruck seiner Gesinnung und in der Kritik, mit Geist und Wissen zweiundzwanzig Jahre leitete. Eingehend beschäftigte er sich mit der Bibelexegese und verfaßte in hebräischer Sprache einen weitverbreiteten Commentar über den Pentateuch.

Die Neuzeit. Wochenschrift (1860 ff.); Bozer Cleloth (hebr., 1846).

Todesco, Hermann,

(geb. 1791 zu Preßburg, gest. 23. Novbr. / 12. Kislew 1844 zu Wien), ein Mann edlen Herzens, der durch rastlose Thätigkeit und strenge Rechtlichkeit ein bedeutendes Vermögen und durch außerordentliche Wohlthätigkeit einen gefeierten Namen sich erworben hat. Eine Reihe von Jahren wurden auf seine Kosten täglich achtzig bis hundert Arme ohne Unterschied der Religion in einem eigens dazu eingerichteten Saale gespeist. Er ist der eigentliche Begründer der als „Tobesco'sche Stiftung" in Preßburg bestehenden Primärschule, sowie des israelitischen Krankenhauses in Baden bei Wien und war der großherzige Förderer des israelitischen Handwerker=Vereins in Wien. Sein Name lebt fort in seinen Stiftungen, in dem Gedächtnisse aller, die ihn wegen seiner Religiosität und Humanität verehrten.

Torre, Lelio della,

(geb. $\frac{11.\ Januar}{11.\ Schebat}$ 1805 zu Cunea, gest. $\frac{9.\ Juli}{20.\ Thamus}$ 1871 zu Padua), wirkte zweiundvierzig Jahre am Collegium Rabbinicum in Padua und war einer der gewandtesten und fruchtbarsten jüdischen Prediger Italiens, ein eleganter hebräischer Dichter und einer der emsigsten Pfleger der jüdischen Wissenschaft; italienische, deutsche, französische und hebräische Zeitschriften versah er mit zahlreichen Beiträgen und übersetzte die Psalmen, die Gebete der Israeliten u. a. ins Italienische. Theuer bleibt seinen zahlreichen Schülern und Verehrern sein Name und sein Andenken.

I Salmi volgarizzati ed illustrati (1845); Preghiere degl'Israeliti (1846); Poésies hébraïques (1867); Pensieri sulle lezioni sabbatichi del Pentateuco (1871); Orazioni postume (1872).

Touro, Judah,

(geb. $\frac{16.\ Juni}{18.\ Siwan}$ 1775 zu Newport, gest. $\frac{18.\ Janr.}{18.\ Tebeth}$ 1854 zu New Orleans), Philanthrop in der weitesten Bedeutung des Wortes, der Montefiore Amerikas. Sohn eines aus Holland in Newport eingewanderten Chasans spanisch=portugiesischer Abstammung, früh verwaist, gelangte er durch Betriebsamkeit und glückliche Geschäftsunternehmungen zu großen Reichthümern. Er war ein glühender Patriot und hat zur Vertheidigung seines Vaterlandes sein Blut vergossen; schwer verwundet, wurde sein christlicher Freund Shepherd sein Lebensretter. Er war ein Mann der äußersten Bescheidenheit und Einfachheit und lebte streng in der Beobachtung der jüdischen Satzungen. Er wurde der größte Wohlthäter seiner amerikanischen Glaubensgenossen und Förderer aller gemeinnützigen Zwecke ohne Unterschied des religiösen Bekenntnisses: er gründete Schulen, Hospitäler, in New-Orleans ein Armenhaus, und bedachte in seinem Testamente die verschiedenen Gemeinden, Synagogen und Schulen Amerikas, sowie seine armen Glaubensbrüder in Palästina. Zu einem seiner Testamentsvollstrecker und zu seinem Universalerben ernannte er seinen Lebensretter. Nicht ein Monument von Erz und Stein, seine wohlthätigen Werke und Stiftungen verewigen seinen Namen.

Traube, Ludwig,

(geb. $\frac{12. \text{Janr.}}{5. \text{Schebat}}$ 1818 zu Ratibor, gest. $\frac{11. \text{April}}{17. \text{Nissan}}$ 1876 zu Berlin),

einer der bedeutendsten Kliniker seiner Zeit, der erste Jude, der an der Berliner Universität zum Professor ernannt wurde. Er lag in Berlin, Breslau und Wien seinen Studien ob; Berufungen an die Universitäten Heidelberg, Zürich u. a. schlug er aus. Die Fortentwickelung der Auscultation und Percussion der Athmungsorgane, die Forschungen der Blutwärme für Beurtheilung des Krankheitszustandes sind sein Verdienst und sichern ihm, abgesehen von seinen übrigen Leistungen auf dem Gebiete der wissenschaftlichen und praktischen inneren Heilkunde, bleibenden Ruhm. Er hing mit aller Treue dem Judenthume an. Sein Name bleibt für immer verzeichnet auf den Ehrentafeln der Geschichte der Medicin.

Tugendhold, Jakob,

(geb. 1761 zu Breslau, gest. $\frac{20. \text{April}}{29. \text{Nissan}}$ 1871 zu Warschau),

der Meister der jüdischen Schriftsteller Polens. Beseelt von warmer Liebe für seinen Glauben und seine Glaubensgenossen, wirkte er als Censor, als Schriftsteller, als Schöpfer, Leiter und Mitglied verschiedener jüdischer Humanitäts- und wissenschaftlicher Institute, besonders als Organisator der jüdischen Elementarschulen in Warschau und als Director der dortigen Rabbinerschule, fünfzig Jahre. Seine in polnischer Sprache abgefaßten Schriften waren der Bildung und geistigen Hebung, wie der Vertheidigung seiner Glaubensgenossen gegen Angriffe und Vorurtheile gewidmet. Sein Name ist mit der neueren Geschichte der Juden Polens innig verflochten.

Sammlung von Stellen aus alten u. neuen Schriften über d. Verhalten gegen unsere Glaubensgenossen (hebr. u. poln., 1844); Der alte Wahn vom Blutgebrauch b. Israeliten (1831, deutsch 1858).

Beit, Moritz,

(geb. $\frac{\text{13. Septbr.}}{\text{21. Elul}}$ 1808 zu Berlin, gest. $\frac{\text{5. Februar}}{\text{28. Schebat}}$ 1864 daselbst),

eine edle Persönlichkeit von gediegenem Wissen und reinstem Interesse für alles Gute, Wahre und Schöne. Als Vertreter seiner Vaterstadt im deutschen Parlamente und dann im preußischen Abgeordnetenhause, wie früher als von der Stadt Trier gewähltes Mitglied der preußischen ersten Kammer: immer war er einer der treuesten Anhänger der altliberalen Partei. Er wurde zum Stadtrath und in das Collegium der Berliner Stadtverordneten gewählt, dessen stellvertretender Vorsteher er bis zu seinem Tode blieb. Die Angelegenheiten seiner Glaubensgenossen lagen ihm stets am Herzen: mit der Kraft seiner Beredsamkeit und der Macht seiner Ueberzeugungstreue kämpfte er für ihre Rechte und vertheidigte sie gegen gehässige Angriffe. Ein Viertel Jahrhundert Mitglied des Vorstandes der jüdischen Gemeinde, wirkte er besonders für das jüdische Schulwesen. Seines Faches Buchhändler, war er schon in der Jugend literarisch thätig; eine echt poetische Natur, veröffentlichte er mehrere Dichtungen und lieferte Beiträge zu der von seinem Freunde Michael Sachs veranstalteten Sammlung poetischer Uebertragungen.

Saint-Simon u. der Saint-Simonismus (1834); Gedichte (1836); Stimmen v. Jordan u. Euphrat (1853).

Veneziani, Emanuel F.,

(geb. Juli 1826 zu Livorno, gest. $\frac{\text{5. Febr.}}{\text{4. Adar}}$ 1889 zu Paris),

ein Mann des edlen unmittelbaren Wirkens, ein unermüdlicher selbstloser Arbeiter am heiligen Werke der Menschenliebe. Die Seele der „Alliance Israélite Universelle" in Constantinopel, betrieb er die Errichtung von Schulen und Handwerksbildungsanstalten; dann nach Paris übersiedelt, wurde er der Mitarbeiter des großen Philanthropen Hirsch, der Vertraute seiner großartigen Pläne für die verfolgten Glaubensgenossen, der Vermittler seiner Wohlthaten. Missionär der Wohlthätigkeit, ging er überall hin, wo er seine Anwesenheit für nothwendig hielt, ohne die Beschwerden weiter Reisen zu scheuen. Er eilte nach der Türkei, nach Bulgarien, wo er Christen, Mohammedanern und Juden Hülfe brachte, reiste mit Netter zum europäischen Congresse nach Berlin, um die Freiheit seiner Glaubensgenossen zu vertheidigen, nach Madrid, begab sich nach Galizien, wo seine merkwürdige Arbeitskraft ein großes Werk vollbrachte, besuchte Palästina, um die traurige Lage seiner Glaubensbrüder aus eigener Anschauung kennen zu lernen. Sein Andenken wird Allen heilig bleiben.

Waldenburg, Ludwig,

(geb. $\frac{31.\ \text{Juli}}{28.\ \text{Thamus}}$ 1837 zu Filehne, gest. $\frac{14.\ \text{April}}{15.\ \text{Nissan}}$ 1881 zu Berlin),

eine Zierde der medicinischen Wissenschaft, welche er durch mehrere preisgekrönte Arbeiten über Krankheiten der Athmungsorgane bereicherte und als Professor an der Berliner Universität lehrte. Manche früher unheilbare Krankheit, wie die Lungenerweiterung, wurde durch seine Erfindungen, die sich Preiskrönungen in Brüssel und Philadelphia erwarben, erst heilbar. Der väterlichen Religion gehörte er in treuer Anhänglichkeit an.

Weil, Karl,

(geb. 1804 zu Bockenheim, gest. $\frac{5.\ \text{Janr.}}{1.\ \text{Schebat}}$ 1878 zu Wien),

ein Mann von hoher Bildung, widmete er sich nach Beendigung seiner Studien der Publicistik, erst als Redacteur der „Konstitutionellen Jahrbücher" in Stuttgart, dann in Berlin, von wo er nach Wien als Rath ins österreichische Ministerium des Aeußern berufen und später zum Regierungsrath ernannt wurde. Den Grundsätzen der Freiheit treu ergeben, lag ihm das Schicksal seiner bedrückten Glaubensgenossen stets am Herzen: er stand mit seiner Feder und seinem Einfluß in ihrem Dienste, hat für ihre bürgerliche Gleichstellung unermüdlich gearbeitet, auch an der Organisation des jüdischen Kirchenwesens in Würtemberg wesentlich mitgewirkt.

Ueber die Zulässigkeit der Juden zum Bürgerrechte (1827); Gesuch der Israeliten b. Königr. Würtemberg an d. h. Ständeversammlung (1845).

Wertheimer, Joseph von,

(geb. $\frac{15. \text{ März}}{18. \text{ Adar}}$ 1800 zu Wien, gest. $\frac{16. \text{ März}}{20. \text{ Adar}}$ 1887 daselbst),

ein edler Mensch, einer alten angesehenen Familie entstammend, ein Mann des Wortes und der That. Dem Drange seines Herzens folgend, führte er muthvoll und entschlossen die Feder für „die Juden in Oesterreich", und noch im hohen Alter vertheidigte er seine Glaubensbrüder und deren „Gesinnungstüchtigkeit". Als langjähriger Vorsteher seiner Heimathsgemeinde, in deren Mitte er Vereine zur Förderung des Handwerks, zum Schutze der Waisen und zur Pflege der kleinen Kinder gründete, suchte er den Religionsunterricht zu heben, die Kenntniß der hebräischen Sprache zu verbreiten und den Gottesdienst zu veredeln. Er gab die Anregung zur Einführung der Kleinkinderbewahranstalten in Oesterreich und zur Gründung der „Israelitischen Allianz in Wien", deren Haupt und Seele er bis zu seinem Tode blieb.

„Er war ein Mensch, das heißt ein Kämpfer sein,
War's für Menschenrecht und Menschenwohl!"
Die Juden in Oesterreich. Vom Standpunkte der Geschichte, d. Rechts u. b. Staatsvortheils (1842); Jahrbuch f. Israeliten (1854—1863).

Wessely, Wolfgang,

(geb. $\frac{17. \text{ Octbr.}}{21. \text{ Tischri}}$ 1802 zu Trebitsch, gest. $\frac{21. \text{ April}}{20. \text{ Nissan}}$ 1870 zu Wien),

der erste Jude, der an der Prager Universität zum ordentlichen Professor ernannt wurde. Er vereinigte vielseitiges jüdisch-theologisches Wissen und juridische Gelehrsamkeit in seltener Weise. Er kam als armer Talmudjünger nach Prag, wurde dort Religionslehrer und hielt in verschiedenen Synagogen zuweilen Predigten. Mit eisernem Fleiße lag er dem Studium der Philosophie und des Rechts ob, sodaß er an der Prager Universität religionsphilosophische Vorlesungen, dann als Professor an der juridischen Facultät Vorlesungen über Strafrecht hielt. Der jüdischen Wissenschaft hing er mit aller Treue an, wie sein weitverbreitetes Religionsbuch und mehrere Abhandlungen über Theile des jüdischen Rechts u. a. beweisen.

Netib Emuna. Leitfaden für den ersten Religionsunterricht (1840, 7. Aufl. 1861); Ueber jüd. Kirche u. jüd. Kirchenrecht (1841).

Wiener, Meïr,

(geb. $\frac{3. \text{Juni}}{10. \text{Siwan}}$ 1819 zu Glogau, gest. $\frac{31. \text{März}}{19. \text{Nissan}}$ 1880 zu Hannover),

ein redlicher, gelehrter Forscher auf dem Gebiete der jüdischen Geschichte und Literatur. Nach einer Jugend voll Mangel und Entbehrung wurde er Lehrer in Strelitz, dann Oberlehrer an der jüdischen Religionsschule in Hannover. Vom Glücke nie begünstigt, fand er seine einzige Freude an der Wissenschaft, welche er mit seltener Hingebung und eisernem Fleiße pflegte. Er hat einige alte jüdische Chroniken in deutscher Uebersetzung dem größeren Publikum zugänglich gemacht und sich besonders um die Geschichte der Juden in Deutschland durch zahlreiche Beiträge in Zeitschriften und Jahrbüchern, sowie durch Regesten-Sammlungen bleibende Verdienste erworben.

Emek Habacha (1858); Schevet Jehuda (1860); Regesten zur Geschichte der Juden in Deutschland (1862).

Winterstein, Simon von,

(geb. $\frac{16. \text{Decbr.}}{28. \text{Kislew}}$ 1819 zu Lesenz (Böhmen), gest. $\frac{10. \text{Juni}}{5. \text{Siwan}}$ 1883 zu Vöslau bei Wien),

der erste Jude, der als lebenslängliches Mitglied ins österreichische Herrenhaus berufen und in den Freiherrnstand erhoben wurde. Aus den dürftigsten Verhältnissen schwang er sich durch Fleiß und Talent zu den höchsten finanziellen

Vertrauensposten empor. Mehrere Jahre Spediteur, widmete er sich später ganz dem parlamentarischen Leben und war einer der treuesten Mitglieder der Verfassungspartei. Treu dem Judenthum angehörend, war er eine Zeit lang Vorsteher der Wiener Cultusgemeinde, der er namhafte Spenden testamentarisch hinterließ.

Wolff, Abraham Alexander,

(geb. $\frac{29.\ April}{16.\ Ijar}$ 1801 zu Darmstadt, gest. $\frac{3.\ Decbr.}{2.\ Kislew}$ 1891 zu Kopenhagen), einer der fruchtbarsten homiletischen Schriftsteller seiner Zeit, der Vater der dänisch-jüdischen Homiletik. Im Talmud bewandert und philosophisch gebildet, war er zwei Jahre Rabbiner in Gießen und dreiundsechzig Jahre Oberrabbiner und Prediger in Kopenhagen. Er wurde den berechtigten Ansprüchen der Neuzeit in einer für die Ehre und Erhaltung des Judenthums förderlichen Weise gerecht und vertheidigte dasselbe gegen Angriffe und Verunglimpfungen. Er wirkte mit unermüdlichem Eifer für die geistige Hebung und die religiöse Entwickelung der dänischen Juden, in deren Interesse er das tägliche Gebetbuch ins Dänische übersetzte und mehrere Schul- und Lehrbücher in dänischer Sprache bearbeitete. Außer dreihundert Reden, welche er von den fünftausend während seiner Amtsführung gehaltenen im Druck erscheinen ließ, betheiligte er sich rege an der Pflege der jüdischen Wissenschaft auf dem Gebiete der Exegese, der jüdischen Literatur und der Sprachforschung. Allgemein verehrt und durch die Verleihung des Titels Professor und mehrerer Orden ausgezeichnet, lebt er fort in den Herzen aller die ihn gekannt. Eine seinen Namen führende Stiftung verewigt seinen Namen.

Der Prophet Habakuk (1822); Die Stimmen der ältesten glaubwürdigsten Rabbiner über die Piutim (1857); Talmudsfender (1878).

Zunz, Leopold,

(geb. $\frac{10.\ Aug.}{14.\ Ab}$ 1794 zu Detmold, gest. $\frac{18.\ März}{11.\ We-Adar}$ 1886 zu Berlin), ein entschiedener Charakter, ein Mann voll Scharfsinn und Tiefblick, der Freiheit und dem Fortschritte mit ganzer Seele zugethan, dessen Wahlspruch „der Gedanke ist mächtig genug, um ohne Anmaßung und Unrecht über die Anmaßung und das Unrecht zu siegen" seine Geistesrichtung kennzeichnet. Früh verwaist, in der Samsonschule in Wolfenbüttel erzogen, der erste jüdische Gymnasiast in Deutschland, wurde er ein großer Forscher im Reiche jüdischen Wissens, der Neubegründer der Wissenschaft des Judenthums, deren ganzes Gebiet er mit klarem Blicke überschaute und über sechzig Jahre bearbeitete. In einem seiner epochemachenden Werke, das zu den „Merkwürdigkeiten höherer Kritik" gezählt wird, beleuchtete er die geschichtliche Entwickelung des jüdischen Gottesdienstes und der in der Synagoge von alters her gebräuchlichen „Gottesdienstlichen Vorträge". Er entriß die synagogalen Dichter der Vergessenheit und hauchte den synagogalen Dichtungen neuen Geist ein. Er verbreitete helles Licht über viele Momente der jüdischen Geschichte und über viele Träger der jüdischen Literatur. Er rettete die „Namen der Juden", als man sie ihnen entreißen wollte, und kämpfte gegen Verunglimpfung des Judenthums, dessen treuer Sohn er war und für das er als Prediger die Herzen erwärmte, als Director des jüdischen Lehrer-Seminars in Berlin Lehrer und Pfleger heranbildete. Seine schriftstellerischen Arbeiten, welche das Gepräge der Gründlichkeit tragen, sichern ihm den Namen eines Fürsten der Wissenschaft, eines großen Lehrers in Israel. Eine von den Zeitgenossen als Zeugniß der Verehrung ihm errichtete und seinen Namen tragende Stiftung ist der Wissenschaft des Judenthums gewidmet.

Zeitschrift f. d. Wissenschaft d. Judenthums (1822—23); Predigten (1823); Die gottesdienstl. Vorträge der Juden (1832, 1892); Zur Geschichte u. Literatur (1845); Die synagogale Poesie des Mittelalters (1855); Der Ritus des synagogalen Gottesdienstes (1859); Literaturgeschichte der synagogalen Poesie (1865); Ges. Schriften (1875, 76).

Sterbetage.

Januar.
- 5. Adler, A.
- Lasker.
- Weil, K.
- 12. Günzburg, J.
- 17. Szántó, S.
- 18. Sulzer.
- Touro.
- 21. Adler, N.
- 22. Auerbach, Bar.
- 30. Cerfberr.
- 31. Arnheim, F.
- Sachs, M.

Februar.
- 1. Leeser.
- 3. Levinsohn.
- 5. Bischoffsheim, J. R.
- Brüll, N.
- Veit, M.
- Veneziani.
- 6. Munk, S.
- 8. Auerbach, Brth.
- 9. Fürst, J.
- 10. Crémieux.
- 11. Jakir.
- 12. Bernstein.
- 13. Frankel.
- 15. Morpurgo.
- 16. Mosenthal.
- 22. Levy, M. A.
- 25. Oppenheim, M.

März.
- 7. Jacoby, J.
- 11. Herzfeld.
- 13. Rubo.
- 15. Cohn, A.
- Levy, Mich.
- 16. Wertheimer, J. v.
- 17. Halévy.
- Salvador.
- 18. Mannheimer.
- Zunz.

- 21. Jessel.
- Kohner, M.
- Noah, M.
- 22. Beer, Mich.
- 23. Frensdorff.
- Hirsch, Jak. v.
- 27. Kosch.
- Oppenheim, H. B.
- 28. Bendavid.
- Breidenbach.
- 31. Wiener, M.

April.
- 3. Kuranda.
- 5. Lilienthal.
- 11. Traube.
- 12. Barasch.
- 13. Frankfurter.
- 14. Waldenburg.
- 18. Lämmel, S. v.
- 19. Poljakow, S.
- 20. Tugendhold.
- 21. Wessely, W.
- 22. Riesser.
- 24. Formstecher.

Mai.
- 2. Goldsmid, F. H.
- Meyerbeer.
- 4. Munk, Ed.
- 10. Heilprin, M.
- 12. Rosenfeld, S. W.
- 15. Königswarter, W.
- Nierop, S. v.
- 19. Steinheim.
- 20. Alatri.
- 22. Aub, J.
- 26. Bernays.
- Pinto, Abr. de.
- 28. Rappaport, M.

Juni.
- 10. Winterstein, S. v.
- 13. Johlson.
- 25. Godefroi.

Juli.

1. Beer, B.
7. Karpeles.
9. Torre, Lelio della.
10. Levi, Giuf.
18. Frankenburger.
    Salomons, D.
28. Montefiore.
31. Krochmal.

August.

1. Mayer, S.
3. Asser, K.
   Dukes.
4. Benedetti.
5. Creizenach.
12. Benedikt, M.
22. Frankl, P. F.
    Holdheim.
23. Saalschütz.
24. Chorin.
25. Bodenheimer.
26. Burg.
28. Pleßner.
29. Geiger, L.
    Reggio.

September.

7. Graetz.
11. Löwe.
13. Jacobson.
16. Isidor.
18. Peixotto.
22. Arnheim, H.
24. Hönigsmann.
27. Herz.
29. Luzzatto.

October.

1. Perl, J.
2. Netter.
3. Schreiber, W.
4. Kley.
7. Marcus.

8. Polak, Jak. Ed.
10. Huebsch.
12. Eger.
13. Bamberger.
    Löw, L.
16. Haindorf.
    Rapaport, S. L.
23. Geiger, A.
26. Kornfeld.
28. Schmelkes, G.
29. Pinsker, S.
31. Auerbach, J.

November.

2. Einhorn.
   Horn.
   Morgenstern.
3. Joël, M.
5. Löwe, L.
   Saffoon, D.
10. Beer, P.
11. Hirschler.
17. Salomon, G.
20. Jost.
23. Kompert.
    Todesco.
29. Rabbinowicz.
30. Meisel.

December.

2. Stein, L.
3. Wolff, A. A.
6. Meyer, J. D.
   Straßmann.
8. Friedenthal.
9. Hirsch, Jos. v.
12. Schwabacher.
13. Straschun.
19. Finzi.
23. Heine, S.
    Königswarter, J. v.
25. Friedländer.
    Goudchaux.
    Herxheimer.
29. Philippson, L.
31. Hirsch, S. R.

Sterbetage

nach dem jüdischen Kalender.

Tischri.
- 4. Peixotto.
- 5. Jacobson.
- Kley.
- Polak, J. E.
- 9. Luzzatto.
- 11. Isidor.
- 12. Herz.
- 13. Eger.
- 14. Löw, L.
- Marcus.
- 16. Bamberger, S. B.
- 17. Arnheim, H.
- Rapaport, S. L.
- 19. Hönigsmann.
- Netter.
- 21. Huebsch.
- 22. Haindorf.
- 23. Perl, J.
- 25. Schreiber, M.
- 29. Pinsker, S.

Cheschwan.
- 3. Kornfeld.
- Schmeltes, G.
- 4. Horn.
- 6. Sassoon, D.
- 10. Hirschler.
- 12. Geiger, A.
- 13. Auerbach, J.
- 16. Einhorn.
- 20. Joël, M.
- Morgenstern.
- 22. Beer, P.
- 24. Salomon, G.
- 25. Kompert.

Kislew.
- 1. Löwe, L.
- 2. Wolff, A. A.
- 3. Meisel.
- 4. Meyer, J. D.
- 6. Jost.
- 12. Friedenthal.
- Todesco.

- 21. Stein. L.
- 22. Finzi.
- 23. Friedländer.
- 25. Rabbinowicz.
- 26. Goudcheaur.
- 28. Straßmann.

Tebeth.
- 1. Hirsch, J. v.
- 5. Straschun.
- 6. Philippson, L.
- 7. Herxheimer.
- Laster.
- 8. Schwabacher.
- 11. Königswarter, J. v.
- 13. Heine, S.
- 18. Touro.
- 26. Sulzer.
- Szántó, S.
- 27. Hirsch, S. R.
- 28. Adler, L.
- 29. Adler, N.

Schebat.
- 1. Weil, K.
- 8. Günzburg, J. v.
- Leeser, J.
- 10. Levinsohn.
- 12. Cersberr.
- Fürst, J.
- 14. Auerbach, Baruch.
- 19. Auerbach, Berth.
- 23. Arnheim, F.
- Bernstein.
- 24. Sachs, M.
- Jafir.
- 27. Brüll, N.
- 28. Bischoffsheim, J. N.
- Crémieux.
- Veit, M.
- 30. Morpurgo.

Adar, We-Adar.
- 1. Munk, S.
- 3. Mosenthal.

4. Veneziani.
5.* Levy, Mich.
6. Oppenheim, M.
8. Frankel.
11.* Zunz.
12.* Jessel.
13. Levy, M. A.
14. Herzfeld.
15.* Halévy.
17.* Kosch.
  *Noah, M.
18. Salvador.
20. Mannheimer.
    Wertheimer, J. v.
22. Jacoby, J.
25. Breidenbach.
26.* Bendavid.
    Rubo.

Nissan.

1. Cohn, A.
   Hirsch, Jak. v.
2. Beer, Mich.
7. Kohner, M.
8. Kuranda.
11. Frensdorff.
    Lämmel S. v.
15. Oppenheim, H. B.
    Waldenburg.
16. Lilienthal.
17. Traube.
19. Wiener, M.
20. Wesseley, W.
23. Barasch.
    Formstecher.
26. Meyerbeer.
28. Frankfurter.
29. Goldsmid, F. H.
    Tugendhold.

Jiar.

3. Riesser.
8. Poljakow, S.
12. Nierop S. v.
    Rosenfeld, S. W.

13. Munk, Ed.
19. Alatri.
21. Königswarter, W.
23. Pinto, Abr. de.
27. Bernays.
29. Heilprin.

Siwan.

5. Steinheim.
   Winterstein, S. v
12. Aub.
13. Johlson.
18. Rappaport, M.

Thamus.

8. Godefroi.
   Karpeles.
19. Frankenburger.
20. Torre, Lelio della.
23. Beer, B.
    Salomons, D.
25. Levi, Giuf.
28. Dukes.
29. Benedetti.
    Mayer, S.

Ab.

1. Krochmal.
13. Beneditt, M.
16. Montefiore.
20. Asser, K.
22. Burg.
25. Pleßner.
29. Creizenach.

Elul.

2. Frankl, P. F.
   Geiger, L.
4. Graetz.
   Holdheim.
7. Bodenheimer.
8. Saalschütz.
9. Chorin.
11. Löwe.
15. Reggio.

Inhaltsverzeichniß.

	Seite
Adler, Lazarus	1
Adler, Nathan	1
Alatri, Samuel	2
Arnheim, Fischel	2
Arnheim, Heymann	3
Asser, Karl	3
Aub, Joseph	4
Auerbach, Baruch	4
Auerbach, Berthold	5
Auerbach, Jakob	5
Bamberger, Seligmann Bär	6
Barasch, Julius	7
Beer, Bernhard	7
Beer, Michael	8
Beer, Peter	8
Bendavid, Lazarus	9
Benedetti, Salvatore de	9
Benedikt, Markus	10
Bernays, Jakob	10
Bernstein (Rebenstein), Aron	11
Bischoffsheim, Jonath. Raph.	11
Bodenheimer, Levi	12
Breidenbach, Wolf	12
Brüll, Nehemias	13
Burg, Meno	13
Cerfberr, Theod. Max	14
Chorin, Aron	14
Cohn, Albert	15
Creizenach, Michael	15
Crémieux, Isaac Adolph	16
Dukes, Leopold	17
Eger, Akiba	17
Einhorn, David	18
Finzi, Giuseppe	18
Formstecher, Salomon	19
Frankel, Zacharias	19
Frankenburger, Wolf	20
Frankfurter, Naphtali	20
Frankl, Pinkus F.	21
Frensdorff, Salomon	21

	Seite
Friedenthal, Markus B.	21
Friedländer, David	22
Fürst, Julius	23
Geiger, Abraham	23
Geiger, Lazarus	24
Godefroi, Michael H.	25
Goldsmid, Francis Henry	25
Goudchaux, Michel	26
Graetz, Hirsch (Heinrich)	26
Günzburg, Joseph v.	27
Haindorf, Alexander	27
Halévy, J. F. E.	28
Heilprin, Michael	28
Heine, Salomon	29
Herxheimer, Salomon	30
Herz, Jakob	30
Herzfeld, Levi	31
Hirsch, Jakob v.	31
Hirsch, Joseph v.	32
Hirsch, Samson Raphael	32
Hirschler, Ignatz	33
Holdheim, Samuel	34
Hönigsmann, Oswald	35
Horn, Eduard	35
Huebsch, Adolph	36
Jacobson, Israel	36
Jacoby, Johann	37
Jakir Effendi	38
Jessel, George	38
Joël, Manuel	39
Johlson, Joseph	39
Jost, J. M.	40
Jüdor, Lazar	41
Karpeles, Elias	41
Kley, Eduard J.	41
Königswarter, Jonas v.	42
Königswarter, Wilhelm	42
Kohner, Moritz	43
Kompert, Leopold	43
Kornfeld, Aron	44

	Seite
Kosch, Raphael J.	44
Krochmal, N.	45
Kuranda, Ignatz	45
Lämmel, Simon v.	46
Laster, Eduard	47
Leeser, Isaak	48
Levi, Giuseppe	48
Levinsohn, J. B.	49
Levy, Michel	49
Levy, Moritz A.	50
Lilienthal, Max	50
Löw, Leopold	51
Löwe, Ludwig	52
Löwe, Ludwig	52
Luzzatto, S. D.	53
Mannheimer, J. N.	54
Marcus, L. A.	54
Mayer, Samuel	55
Meisel, W. A.	55
Meyer, Jonas D.	56
Meyerbeer, Giacomo	56
Montefiore, Moses	57
Morgenstern	57
Morpurgo, Emil	58
Mosenthal, S. H.	58
Munk, Eduard	59
Munk, Salomon	59
Netter, Charles	60
Nierop, S. v.	60
Noah, Mordechai	60
Oppenheim, H. B.	61
Oppenheim, Moritz	62
Peixotto, B. F.	62
Perl, Joseph	62
Philippson, Ludwig	63
Pinsker, S.	64
Pinto, Abraham de	65
Pleßner, Salomon	65
Polak, Jakob Eduard	65

	Seite
Poljakow, Samuel	66
Rabbinowicz, R. N.	66
Rapaport, Sal. L.	67
Rappaport, Moritz	67
Reggio, J. S.	68
Riesser, Gabriel	69
Rosenfeld, S. W.	69
Rubo, Julius	70
Saalschütz, Joseph L.	70
Sachs, Michael	71
Salomon, Gotthold	72
Salomons, D.	72
Salvador, Joseph	73
Sassoon, David	73
Schmelkes, Gottfried	74
Schreiber (Sofer), Moses	75
Schwabacher, S. L.	75
Stein, Leopold	76
Steinheim, S. L.	76
Straschun, M.	76
Straßmann, Wolfgang	77
Sulzer, Salomon	78
Szántó, Simon	78
Todesco, Hermann	78
Torre, Lelio della	79
Touro, Judah	79
Traube, Ludwig	80
Tugendhold, Jakob	80
Veit, Moritz	81
Veneziani, E. F.	81
Waldenburg, L.	82
Weil, Karl	82
Wertheimer, Joseph v.	83
Wessely, Wolfgang	83
Wiener, M.	84
Winterstein, S. v.	84
Wolff, A. A.	85
Zunz, Leopold	85